I'm Waiting For You To Call My Name.

mellow

06. What's Your Name

네가 내 이름을 불러주길 기다리고 있어

GREETING

힘찬 울음 소리, 생명의 탄생을 알리는 소리가 들리면 하나 같이 설레는 표정을 한 부부들이 작명소를 찾는다. 좋은 뜻을 가진 여러 개의 한자를 놓고 한참을 고민하던 그들은 마침내 행복하고 건강하기를 바라는 염원이 담긴 세 글자를 완성한다. 그렇게 산부인과 근처 작명소에서 시작된 이름은 유치원 가방과 고등학교 입학원서를 거쳐 회사의 명함에 짙게 새겨진다.

"이름에 담긴 뜻이 뭐에요?" Vol.6 인터뷰를 하며 가장 많이 던진 질문이다. 이야기를 한 데 모으니 멜로우한 삶을 사는 강아지 '멜로우'부터 종로를 지키는 '두한이', '집사'라는 이름의 고양이까지. 저마다의 사연과 더불어 이름표의 빈칸을 가득 채우고 있었다. 비로소 가족이 되고, 아직은 모든 게 낯선 그들의 순수한 눈망울을 바라보며 누구보다 좋은 이름을 지어주겠노라 고민한 그 때처럼, 온 마음을 다해 아이들의 이름을 불러보자. 그 순간 재빠른 몸짓과 함께 발을 구르며 눈 앞으로 달려와 꽃 같은 미소로 우리 마음을 흔들어 놓을 테니.

편집장 **조문주**

MELLOW THAT
FILLED
THE FOREST

글·사진 Alyse Delle Fave @mellowkittycat | 에디터 최진영

숲속을 가득 채운
멜로우

안녕하세요. 매거진 〈멜로우〉예요. 고양이 멜로우를 만나게 되다니 운명적인 만남이 아닐 수 없네요(웃음).

안녕하세요. 저희 가족은 미국 뉴욕주의 한 도시인 롱 아일랜드에 살고 있어요. 저와 남편, 그리고 고양이 '멜로우(mellow)'와 멜로우의 동생 '무(moo)' 이렇게 네 식구가 함께하고 있죠. 멜로우는 5살 소녀 고양이에요. 멋지고 풍성한 털을 가진 성묘이지만, 몸무게가 약 2kg 밖에 되지 않을 정도로 체구가 작아요. 1살인 무가 멜로우의 두 배로 보일 정도로 아담한 고양이랍니다. 그래서 가끔 멜로우가 평생 아기 고양이로 남을 거라고 놀리기도 해요(웃음).

멜로우는 뉴욕의 한 보호소에서 구조되었다고 들었어요.

보호소 시절의 이름은 무엇이었나요?

멜로우는 해외 동물들에게 새로운 가족을 소개하는 보호소에서 살고 있었어요. 바다 건너 이집트에서 온 아이에요. 당시에는 '신지(Singi)'란 이름으로 불렸었다고 해요. 그 이름으로 여권까지 가지고 있을 정도였으니 멜로우도 신지라는 이름이 꽤 익숙했겠죠? 이후 미국의 보호소에 입소해서 '미스티(Misty)'라는 이름을 갖게 되었어요. 가볍고 부들부들한 털을 보고 안개가 떠올랐나 봐요. 신지도, 미스티도 모두 좋은 이름이지만 역시 멜로우가 가장 잘 어울린다고 생각해요.

멜로우를 처음 만난 건 미국 보호소의 SNS를 통해서였어요. 화면 속 크고 푸른 눈을 가진 고양이의 모습을 보자마

자 "저 푸른 눈의 고양이는 우리 가족이 될 거야"라고 확신을 했죠. 그 후 여러 절차를 거쳐 가족이 되었어요. 보호소가 운영하던 계정에서 멜로우를 소개하는 게시글에 'mellow'라는 표현을 자주 사용했어요. 보드라운 털이 그 단어를 연상시켰나 봐요. 입양 전이라 아는 것이 많이 없다 보니 편의상 고양이를 멜로우로 부르곤 했어요. 그렇게 자연스레 우리의 가족 '멜로우'가 되었답니다.

멜로우라는 이름을 짓게 된 이유가 궁금해요. 외국에서는 부끄럼 많은 고양이에게 '멜로우'라는 이름을 붙이기도 하던데, 그런 이유 때문이었나요?
멜로우는 부끄럼이 많은 편은 아니에요. 오히려 사교성이 좋아서 사람들과 친해지는 걸 즐기는 편이죠. 멜로우를 만나기 전부터 편의상 멜로우라고 부르곤 했지만, 그를 실제

로 만나고 나니 'mellow보다 더 멜로우를 잘 표현할 수 있는 단어는 없겠다'는 생각이 들었어요. 멜로우는 이름처럼 부드럽고, 여유로운 성격을 가지고 있기도 했고요. 만나는 사람들에게 안정과 행복을 주기도 했죠. 자신의 '멜로우스러움'을 전하는 게 즐거운지 낯가림도 전혀 없어요. 아이도 이름이 마음에 쏙 든 것 같았어요. 가족이 된 지 얼마 지나지 않았는데도 자신의 이름을 부르면 "야옹~" 하고 대답을 하더라고요!

멜로우라는 단어를 활용한 재밌는 별명도 여러 개 있더라고요. 몇 개만 소개해 주세요.
늘 여유롭고 사랑스러운 멜로우지만, 가끔 엄청난 장난꾸러기로 변신하곤 해요. 그럴 때면 '멜리(Melly)'나 '멜로네이터-5000(Mellonator-5000)'라는 우스꽝스러운 별명을

부르며 멜로우와 장난을 친답니다. 멜리는 힙합 뮤지션의 이름에서 따 온 이름이고, 멜로네이터-5000은 기계의 엔진 장비의 이름에서 영감을 받았어요. 빠른 속도로 집 안을 누비는 멜로우의 모습을 보면 별명이 어떻게 탄생하게 되었는지 바로 이해하실 거예요.

또 빼놓을 수 없는 별명이 있어요. 바로 '멜라니(melanie)'랍니다. 어느 날 갑자기 멜로우가 크고 우렁찬 소리로 울기 시작했어요. 처음엔 이유를 몰라 어리둥절했는데 알고 보니 멜로우에게 2차 성징이 나타난 거였죠. 사춘기 시절 모두가 그렇듯이 멜로우도 조금은 까칠하고 예민한 고양이로 변신했어요. 그 시기가 끝나기 전까지 우리 가족은 멜로우가 아닌 앙칼진 멜라니와 함께 지내야 했어요. 다행히도 요란했던 사춘기가 끝난 이후에는 멜라니를 만난 적은 없답니다(웃음).

자연을 사랑하고 햇빛을 즐길 줄 아는, 말 그대로 멜로우한 성격을 가진 고양이인 것 같아요.

맞아요. 멜로우는 다정다감한 고양이에요. 처음 보는 사람도 오래 알고 지낸 절친처럼 친근하게 대하죠. 어딜 가든 사람들에게 행복을 가져다주는 따뜻한 고양이랍니다. 그 따뜻한 마음씨 덕분에 좋은 일을 하기도 했어요. 2020년에 공식적인 '치료 반려동물'로서 봉사 활동을 했거든요. 저희는 재활치료 병원에서 함께 봉사 활동을 했어요. 사고의 트라우마를 겪고 있는 분들께 기쁨과 행복을 전했죠. 정말 뜻깊은 순간이었답니다. 멜로우는 세상 모든 생명들을 사랑해요. 사람들의 품에 안기고, 체온을 느끼며 손길을 받는 걸 좋아하죠. 그런 순간에는 아이도 넘치는 사랑을 한껏 느끼나 봐요. 얼굴을 핥기도 하고, 부드러운 이불에 꾹꾹이를 하기도 하면서 행복한 순간을 즐겨요.

여유로운 오후에 정원에서 느긋한 시간을 즐기는 모습을 보면 마음이 말랑해져요. 멜로우의 하루는 어떤가요?

날씨가 좋은 날에는 밖에 나가 햇살을 만끽해요. 저희 집에는 울타리가 쳐진 넓은 정원이 있거든요. 잔디 위를 뒹굴뒹굴 굴하기도 하고, 나무를 오르기도 하면서 즐거운 시간을 보내죠. 제가 직접 만든 나무 그네를 타는 것도 아주 좋아하고요. 날이 춥거나 비가 올 때면 소파나 옷장 안에서 시간을 보냅니다. 날씨에 민감한 편이라서 멜로우의 행동을 보고 날씨가 어떤지 알 수 있어요. 우리만의 작은 기상학자라고나 할까요? 저녁이 되면 무와 장난을 치며 하루를 마무리해요. 잠이 들기 전까지 행복한 시간이 계속된답니다.

멜로우가 좋아하는 시간이 생겼다고 들었어요. 아주 위풍당당한 멜로우의 모습을 볼 수 있다고 하던데요(웃음)?

요즘 멜로우에게 재미있는 버릇이 생겼어요. 빨래 더미 속을 헤집고 다니며 양말을 사냥하더라고요. 더러운 양말을 입에 물고 와서는 제 발 앞에 가져다 둬요. 정말 사냥을 하는 거라고 생각하는 걸까요? 잘은 모르겠지만 당당한 표정으로 양말을 물어 올 때면 너무 사랑스러워서 웃음이 절로 나요. 그럼 마구마구 칭찬을 해주죠! 더러운 양말일지라도 멜로우가 즐거워한다면 얼마든지 속아주려고요. 마치 큰 새를 물어온 것처럼 엄청난 칭찬을 한답니다(웃음).

울창한 숲을 함께 산책하는 모습이 인상 깊었어요. 한국에서는 쉽게 볼 수 없는 풍경이거든요. 고양이와 숲을 거닐면 어떤 기분인가요?

멜로우는 발이 진흙투성이가 되는 것도 개의치 않고 온몸으로 자연을 즐기죠. 나무의 냄새를 맡고 흙의 촉감을 느끼기도 하면서요. 새가 지저귀고, 나뭇잎이 바람에 흔들리는 소리를 감상하는 것도 좋아해요. 코 끝에 바람이 스칠 때면 눈을 살짝 감고 바람결에 몸을 맡겨요. 그 모습을 보면 저도 흐뭇해진답니다. 산책을 하다 피곤해지면 우리에게 안아달라 이야기해요. 그러면 멜로우가 편하게 산책을 즐길 수 있도록 도와주죠. 힘들 수도 있으니 외출할 때면 항상 백팩 형태의 캐리어를 가지고 다니거든요. 캐리어에는 바깥 풍경을 볼 수 있는 큰 창문과 푹신한 쿠션이 있어서 편안하게 자연을 느낄 수 있어요. 멜로우와 산책을 하며 자연을 즐기는 그 순간은 세상 아무것도 부럽지 않아요.

멜로우와 함께 스포츠도 즐기시잖아요. 서핑하는 고양이라니. 사람들의 시선이 집중되었을 것 같기도 하네요.

어딜 가던 "고양이?" "진짜 고양이인가요?" 하는 질문이 끊이질 않아요(웃음). 멜로우의 체구가 작고 털이 북슬북슬하니 더욱 놀라워하시는 것 같아요. 어느 날 산책을 하던 중 '산책을 좋아하니 혹시 물도 좋아하지 않을까?'라는 생각이 스쳤어요. 그렇게 조심스럽게 패들 보딩을 시도해 보았죠. 역시나 멜로우는 물 위를 떠다니는 것도 아주 즐거워하더라고요! 바다 한가운데 있어도 느긋한 모습으로 파도를 즐겼어요. 종종 멜로우의 절친인 강아지 필립이 패들 보딩을 함께 하기도 해요. 패들 보딩을 하던 중 물을 좋아하는 필립이 바닷속으로 풍덩 뛰어들었는데, 그 모습을 본 멜로우가 물속에 뛰어 들어가는 거예요. 깜짝 놀랐지만 수영을 즐기는 모습을 보니 안심이 되었죠. 멜로우는 어디서든 즐거움을 느낄 줄 아는 멋진 고양이예요.

행복한 일상 속에서도 특별하게 'mellowness'를 느끼는 순간이 있을 것 같아요.

긴 하루를 끝내고 집으로 돌아와 멜로우의 배를 쓰다듬는 것보다 행복한 순간은 세상에 없을 거예요. 멜로우는 우리의 자동차 소리를 알아채고, 얼마 후에 집으로 들어오는지 알고 있는 것 같아요. 문 앞에 서서 기다리다 우리가 들어오면 밝게 인사해 주거든요. 귀여운 환영인사를 보면 하루의 피로가 싹 씻겨 내려가는 느낌이죠.

멜로우는 알아주는 잠꾸러기이기도 해요. 낮잠을 잘 때면 웃긴 소리를 내거나 움찔거리기도 하죠. 또 따스한 햇빛을 느끼는 것도 좋아해요. 날씨가 화창한 날, 서서히 해가 지면서 빛이 드는 장소가 바뀌면 따스한 햇빛을 따라 자리를 이동하곤 해요. 가끔 엉뚱한 장소에 엎드려 있어서 왜 저럴까 싶었는데요. 나중에 알고 보니 그 장소가 볕이 잘 드는 곳이었어요(웃음). 멜로우가 뜬금없는 장소에 있다면 '햇빛을 따라가는 중이구나'라고 생각한답니다.

멜로우하게 살아간다는 건 어떤 의미라고 생각하시나요?

멜로우하게 살아간다는 건, 삶이 어떤 방향으로 흘러가던지 긍정적으로 받아들이고 적응해 나가는 것이라고 생각해요. 사랑을 나누고, 자연을 즐기며, 여유와 행복을 잃지 않는 삶, 이게 바로 멜로우처럼 살아가는 것 아닐까요?

"To Live A Mellow Life Is To Lead With Love,
To Embrace And Respect Nature,
To Be Open To Learning And Experiencing New Things."

MY NAME IS "O", MORE ROUND THAN OREO, ROTOR, AND MOM

글·사진 이다미 twitter @yeeeeesleeeee | 에디터 최진영

오레오, 인라인, 어니언보다 동그란 내 이름은 '이응이'

이름을 들으면 "으응?" 하는 물음이 나올지 몰라도, 얼굴을 보는 순간 "아아!" 하는 감탄사가 나오는 고양이. 바로 '이응이'다. 얼굴도, 이름도 그리고 마음도 동그란 이응이가 전하는 '원'만한 일상은 모두의 마음을 동그랗게 만들고 있 다. 자신의 이름처럼 도형이 가득한 모양의 이름을 지어주고 싶었다는 집사. 그의 입가에도 이응이를 닮은 동그란 웃음이 가득하다.

안녕하세요. 이응이의 얼굴을 보니 미소가 지어지네요.
안녕하세요. 저는 만 7살의 푸른 양띠 고양이인 '이이응'의 누나입니다. 이응이는 한강에서 구조된 '한강이'의 둘째 아 들로 태어난 아이예요. 지금은 서른 살이나 차이 나는 제 동생이 되었죠. 이응이는 함께 사는 저에게만 자비로워요. 다른 사람들에겐 친근하고 애교 많은 고양이는 아니랍니 다. 손님이라면 아기 고양이도 사절인 이응이예요. 길 위의 생활은 겪어보지도 않았으면서 겁이 많고 상상력도 풍부 해요. 엄마한테 '바깥 세상을 조심해라'라는 당부의 이야기 라도 들은 걸까요?

둘의 첫 만남이 궁금해요. 특별한 인연이라고 들었어요.
이응이는 구조될 당시 한강이의 뱃속에 있었어요. 한강이 의 구조 과정과 출산 과정을 SNS를 통해 실시간으로 보다 가 입양을 신청했어요. 남자 치즈 고양이인 줄만 알았을 뿐, 입에 묻은 흰 무늬가 이렇게 동그란 매력을 뽐내게 될 줄 상상도 못했어요. 엄마인 한강이가 미묘로 유명하긴

했지만요(웃음). 입양을 꿈꾸던 시기에 혜성처럼 나타난 것 을 보니, 고양이 요정이 점지해 준 묘연 같기도 합니다.

이응이라는 이름을 지은 이유를 여쭤봐도 될까요?
이응이는 세상에 태어난 지 1개월 정도에 입양이 결정되 었고, 3개월 후에는 저희 집으로 오게 되었어요. 이응이가 2개월 정도 되었을 무렵부터 아이와 친해지기 위해 한강 이네 집을 방문해 안면을 트기 시작했어요. 성격이나 특성 을 담은 이름을 지어주고 싶어서 실제로 만나기 전까지는 그저 '아기'라고 부른 기억이 나네요. 그때 당시 아이는 많 이 말랐었어요. 그래서 코의 무늬도 지금처럼 통통한 동그 라미가 아니었죠. 그러니 이응이라는 이름은 얼굴을 보고 지어준 이름은 아니에요.
처음 만난 이응이는 커튼을 마구 기어올라갈 정도로 활발 한 성격이었어요. 성격을 담아 이름을 지어주고 싶었는데, 딱히 연상되는 이름이 없어서 고민을 많이 했죠. 엄마 한강 이의 이름에서 따와 '용산이'로 지을까 하기도 하고요. '백썹

20

이'라는 이름을 지을까 하기도 했어요. 흰 백(白)의 '백'과 눈썹의 '썹'에서 따온 합성어인데, 이응이의 눈썹에서 하얀 빛이 나서 지으려고 했던 이름이에요. 그때는 대부분 고양이들의 눈썹 뼈 부분이 조명 아래선 하얗게 빛이 반사된다는 사실을 몰랐거든요. 백일섭 배우의 푸근하고 평화로운 모습이 떠오르기도 하니, 나쁘지 않겠다 싶었어요(웃음).

그렇게 고민하다가 제 이름과 유사한 이름을 지어주고 싶다는 생각이 들었어요. 제 이름이 단순한 도형 모양의 자음들로 이루어져 있거든요. 그래서 아이의 이름도 도형 모양의 자음으로 구성해 봤어요. 성을 붙여 '이이응'이라고 부르면 이름 안에 '이응'이 가득해요. '이ㅇ'라고 표기하면 마치 '응'을 옆으로 90도 회전시킨 것 같은 모양새가 재밌고요. 또 'O'는 영어에서는 'YES'라는 의미라서, 긍정적인 뜻을 담은 글자가 이응이와 항상 함께한다는 점도 좋았습니다. 그래서 이응이의 영어 이름은 'O'와 'YES'예요. 번갈아 가며 부르고 있죠.

이응이는 유쾌한 장난꾸러기 고양이가 되었네요. 모두 다미님과 나눈 깊은 교감 덕분이겠죠?

아기 때부터 하루 3-4시간씩 같이 놀아 주는 등 많은 시간을 보냈기 때문에 빨리 유대감을 쌓을 수 있었어요. 이응이는 특히 이마 마사지를 해주는 순간을 가장 좋아하는데요. 마사지를 하면서 노래를 해주곤 해요. "이응 이응 촉촉 코코♪ 응이 응이 코코 촉촉♬"라는 유쾌한 가사를 지어서 노래를 부르면 자신의 이름을 부르고 있다는 것을 알아차려요. 저를 많이 좋아하고 의지해요. 더욱 잘 해주지 못해 아쉬운 순간도 많지만 무엇보다 중요한 것은 이응이와 함께 시간을 보내는 것이라는 걸 알기에 노력하고 있답니다.

이응이는 이름처럼 항상 "Yes!"를 외치는 고양이 같은데요. 이응이가 "No!"를 외치는 순간도 있을까요?

이응이가 순한 건 사실이에요. 그렇다고 이름처럼 늘 YES!만 외치는 고양이는 아니에요. 입도 짧고 편식도 심한 새침데기랍니다. 사진 찍는 것도 싫어해서 늘 찌푸리는 모습만 찍게 되네요. 앞서 말씀드린 것처럼 겁이 많은 편이라 놀라서 자잘한 사고를 일으킨 적이 몇 번 있었어요. 한 번은 높은 곳에서 물건과 함께 떨어져 병원 신세를 지기도 했고요. 인덕션에 발을 헛디뎌서 다치기도 하고요. 조금 까탈스럽

고 종종 사고를 치긴 하지만 누나에게 복수를 하지 않는, 심성은 착한 고양이에요.

외모와 꼭 닮은 이름 덕분에 재미있는 일이 많이 일어날 것 같아요. 이응이의 이름을 들은 사람들의 반응은 어떤가요?
이름 때문에 동글동글한 그림체의 뚱냥이를 상상했다가 늘씬한 운동선수 체형의 고양이를 보고 놀라는 분들이 많아요. 아무래도 얼굴에 그려진 동그라미가 강렬하고, 이름도 이응이라서 '이응이가 통통하겠구나'라고 생각하시는 분들이 꽤 많죠. 하지만 길쭉한 이응이의 실물을 보고 다들 예상 밖이라는 반응들을 보이세요. 코리안쇼트헤어 중에서도 목과 허리 그리고 다리가 긴, 흔히 말하는 모델 체형이거든요. 살과 털이 찌는 겨울이 되어도 배만 살짝 통통해지는 타고난 몸매예요.
또 일상에서 반려동물 친구들의 이야기를 할 때 종종 있는데요. 이응이의 사진을 보여주며 이름을 말하면 단번에 이해하세요. 그럴 때 가장 뿌듯하죠. 장황하게 이름을 짓게 된 계기를 이야기하기도 했었는데요. 누나의 수고를 덜어주려고 이응이가 더욱 동그란 입매를 만든 것 같기도 하고요. '이름이 특이한 동물 친구'하면 많은 분들이 이응이를 떠올리시더라고요. 참 감사한 일이죠.
이응이의 사진을 보신 분들은 "우유를 마셨구나" "아이스크림을 입에만 콕 찍었네" 등 재미있는 반응을 많이 남겨주세요. 생크림이나 라테 같은 유제품도 자주 언급되고요. 외국인분들도 비슷한 답글을 많이 달아 주시는 데요. 이런 댓글들을 보면 '사람들 생각하는 게 다 똑같구나' 싶어 웃음이 나기도 해요(웃음).

이응이와 함께하며 다미님의 마음도 동글동글해졌을 것 같아요. 이응이와 함께하며 달라진 생각이나 마음가짐이 있나요?
세상을 사람의 관점이 아닌 동물의 관점에서 바라보는 방법을 많이 배웠어요. 구체적인 지식뿐만 아니라 작은 동물들 같이 인간이 아닌 다른 무언가로 살아가는 생명들에 대한 상상력을 키워주기도 했고요. 모두의 땅이니 같이 화합할 수 있는 방법을 생각해 보기도 했죠. 하지만 아직은 이응이에게 더 배워야 할 것들이 많네요. 할 수 있는 작은 실천들을 하고 있습니다. 육류 소비를 이전보다 확연히 줄이기도 하고, 동물 학대 등의 문제에 경각심을 가지려 노력하고 있기도 해요. 더욱 적극적으로 봉사와 활동을 진행하시는 분들께 감사한 마음입니다.

이응이는 이름처럼 살고 있는 고양이네요.
반려묘에게 이름을 선물하는 것이 처음이라서 좋은 이름을 만들어야겠다고 단순하게 생각했었어요. 시간이 지나며 이응이의 이름을 기억해 주시고, SNS를 통해 이응이에게 애정을 보내주시는 분들을 보며 새삼 이름의 힘을 깨닫게 되었어요. 그런 분들께 늘 감사한 마음이에요. 인터뷰를 통해 이응이의 이름을 불러 주시는 모든 분들께 조금이나마 저와 이응이의 진심을 전할 수 있어 행복합니다.

A CAT RECIPE FOR EVERYONE

글·사진 카레맘 @100kaaare | 에디터 최진영

모두를 위한
고양이 레시피

왁자지껄한 웃음 한 스푼, 서로를 향한 시선 두 스푼, 그리고 애정 가득 담은 뜨거운 포옹을 하며 잘 저어준다. 고양이 맛집으로 정평이 난 백 카레, 짜장, 밥이네의 비밀 레시피다. 외국에서 왔다는 비싼 식재료가 없어도, 멋진 식기가 없어도 괜찮다. 동그랗게 웅크린 채 휴식을 취하는 고양이들과 함께 있는 것만으로도 속이 든든해진다. 고양이 맛집의 문 너머로 갓 만든 음식 냄새가 솔솔 풍긴다.

안녕하세요. 고양이 맛집이 있다는 소문을 듣고 찾아왔어요.

어서 오세요. 저희 고양이들을 소개할게요. 덩치는 가장 크지만 아기처럼 옹알옹알 말이 많은 카레, 이름처럼 누구보다 하얀 마음을 가진 밥이, 그리고 검은 무늬가 매력적인 귀염둥이 막내 짜장이까지. 세 고양이와 함께 오손도손 생활하고 있어요.

맛있는 고양이들이 가득하네요(웃음). 어떻게 이런 메뉴들이 탄생하게 되었나요?

사실 카레 덕분에 고양이 맛집이 될 수 있었어요. 카레는 임시 보호를 하면서 처음 만나게 되었죠. 카레는 저를 만나기 이전부터 카레라는 이름을 가지고 있었다 해요. 저는 고양이를 반려하게 된다면 '식빵'이라는 이름을 짓고 싶었는데요. 임시 보호를 하면서 카레라는 이름을 부르다 보니 그 이름이 익숙했나 봐요. 입양을 결정하고 나서 이름을 바꾸려고 노력해 보았지만 실패했어요(웃음). 그렇게 저희 집 첫째 고양이는 카레가 되었답니다. 카레를 반려하고 난 뒤로 틈만 나면 둘째, 셋째의 이름을 상상하곤 했어요. '흰 고양이가 오면 무조건 밥이지. 그런데 까만 고양이가 온다면? 그래, 그 아이는 짜장이다!'하고요. 이렇게 카레, 짜장, 밥이 완성될 수 있었어요. 만약 둘째, 셋째의 털색이 같았

더라면… 큰 고민에 빠졌겠죠?

알싸한 향기가 코 끝을 자극해요. 매콤한 매력이 가득한 카레를 소개해 주세요.

카레는 저를 너무 사랑해요. 가끔씩 "왜 이렇게 나를 사랑하는 거야?"라고 물어볼 정도로요. 과거에 안 좋은 기억이 있어 동물을 무서워하던 편이었는데, 카레가 제 생각을 완전히 바꿔 놓았답니다. 이제는 저 자신보다 카레를 더 사랑해요. 비밀번호 힌트 설정을 하다 보면 '나에게 가장 소중한 보물은?'이라는 질문을 만나기도 하는데요. 그 질문을 보면 갑자기 진지하게 생각하게 돼요. 하지만 언제나 제 대답은 늘 같아요. 바로 '카레'죠. 카레는 의사 표현이 확실해요. 불만이나 투정도 확실히 표현합니다. 그 모습을 보면 정말 이름처럼 매콤한 고양이구나 싶어요. 그런데 그 투정 하나하나가 정말 귀여워요. 특히 안아주지 않는다고 삐져있는 모습이 가장 귀여워요. 안아주는 걸 좋아해서 매일 10분씩 꼭 허그 타임을 가져야 하거든요. 간혹 바빠서 허그 타임을 건너 뛰면 삐진 티를 팍팍 내며 저를 바라보기도 해요.

외출을 하고 오면 "나마스떼~"라고 인자하게 인사할 것만 같은 이름인데 현실은 전혀 그렇지 않나 봐요. 외출을 하고 온 집사님을 바라보는 눈초리가 매섭던데요?

외출을 하려면 카레의 매서운 눈초리를 견뎌야 해요. 현관 비밀번호를 누르는 순간부터 저는 죄인으로 변신하죠. 사실 카레가 외동일 때에는 분리불안이 심했어요. 퇴근을 하고 돌아오면 꼭 현관문 앞에서 기다리고 있었죠. 얼마나 울었는지 목도 다 쉬어 있었고요. 또 소변을 참다가 제가 집에 오고 나서야 소변을 누기도 했어요. 그래서 퇴근 후에는 항상 집으로 달려가야 했죠. 조금이라도 늦으면 이불에 한가득 불만을 표시해 놓았거든요. 그런데 시간이 지난 후에 충격적인 사실을 알게 되었어요. 목이 쉬도록 저를 찾은

줄 알았더니 그게 다 카레의 연기었어요! 목이 쉰 줄 알았던 소리는 그냥 날카로운 울음소리를 낸 거였어요. 안아주면 바로 맑은 소리로 "야옹~"이라고 대답했거든요. 조금만 생각해 보았으면 알아차릴 수 있었을 텐데, 당장 기운 없는 카레를 보니 미안해져서 생각할 겨를도 없었어요. 또 카레는 눈치가 빨라서 제가 짐을 챙겨 외출하는 날에는 집에 돌아오지 않는다는 걸 알아요. 외박을 하는 날에는 제 방에 들어가지도 않는다 하더라고요. 매일 잠을 자는 침대인데도 제가 없으니 거실에서 잠을 자요. 이게 정말 신기해요. 제가 없는 방은 의미가 없다는 거잖아요. 늘 붙어있어야 하는 카레 덕분에 저도 집순이로 변하게 되었답니다(웃음).

카레는 힘든 고난도 멋지게 이겨냈어요. 역시 든든한 첫째 형다워요.

카레가 수술을 받았던 적이 있어요. 아직도 그날이 생생하게 기억나요. 아침에 일어나 보니 카레가 발치에 웅크리고 있더라고요. 순간 이상하다 싶어 얼굴을 확인해 보니 귀가 조금 접혀 있었어요. 처음엔 자느라 구겨졌구나 생각이 들었는데 아니었죠. 귀가 만두처럼 부풀어 있었고, 그 통증

때문에 기운을 잃고 축 처진 것이었어요. 그렇게 카레는 '이개혈종' 진단을 받았어요. 발로 귀를 차거나, 귀를 털면서 귀와 피부의 연골 내에 혈액이 고여 발병하는 병이라고 해요. 귀에 가득 찬 피를 빼는 것도 방법이지만 카레는 얇은 귀를 가지고 있어서 피를 빼도 다시 피가 차오를 확률이 높다 하셨죠. 결국 수술을 진행했어요. 이전까진 한 번도 크게 아픈 적 없던 아이라 눈물이 많이 나더라고요. 수술은 다행히 잘 끝났지만 고비는 그때부터 시작이었습니다. 귀를 만지지 않도록 해야 하는데 이질감이 느껴지는지 귀를 자꾸 터는 거예요. 그래서 카레가 귀를 털지 못하도록 계속 안고 있어야 했어요. 넥 카라를 하고 있으니 제가 다칠 수도 있을까 봐 움직이지 않더라고요. 하루 종일 꼭 붙어 생활하며 카레도 점차 힘을 내기 시작했습니다. 그렇게 건강을 회복할 수 있었죠. 그 이후부터는 카레의 귀를 살피는 습관이 생겼어요. 조금이라도 귀가 부은 것 같으면 심장이 철렁 내려앉기도 해요. 다행히 3년이 지난 지금까지 아무 이상 없어요. 당시 슬퍼하는 저를 보며 위로를 전하던 카레의 눈빛은 평생 잊을 수 없을 거예요.

윤기나는 까만 털이 꼭 먹음직스러운 짜장면 같아요. '짜장' 이에 대해 소개해 주세요.

사실 짜장이는 가족이 되기 이전부터 알던 사이였어요(웃음). 본가 주변에 살던 길고양이였죠. 같이 동네를 산책할 수 있을 정도로 사람을 잘 따르던 아이였어요. 애교도 많고요. 처음엔 배가 고파 그런가 싶기도 했어요. 알고 보니 사람을 좋아하는 아이더라고요. 가족이 된 후에는 180도 달라진 모습을 보여주고 있어요. 이제는 애교를 잘 부리지 않거든요. 눈빛도 무심하고 시크하게 변했고요. 도도한 매력이 있는 고양이죠. 지금 와서 생각해 보면 당시 짜장이는 생존을 위해 자기만의 삶의 방식을 만들어 냈던 것 같아요. 밖에서 지낸 시간 동안 얼마나 힘들었을까요. 평생 애교 부리지 않을 수 있게, 매일 행복하게 해주려 노력하고 있습니다.

짜장이와의 묘연이 궁금해요. 어떻게 가족이 되었나요?

사람을 잘 따르는 짜장이가 늘 걱정이 됐어요. 길고양이는 쉽게 접촉이 가능할수록 학대당할 확률이 높거든요. 그래서 본가에 갈 때마다 짜장이를 만나러 갔죠. 가끔 짜장이를 본 동네 친구들이 소식을 전해주기도 하고요. 그렇게 1년 정도 지났을까요? 저희 오빠가 본가를 다녀왔는데 평소와는 달리 짜장이가 손을 피했다 하더라고요. 사람들을 피해 다니기도 하고요. 뭔가 이상하다는 생각이 드니 구조해서 살펴보자 했죠. 그렇게 짜장이 구조 작전을 펼치게 되었어요. 이동장을 가져올 수 있는 친구들을 섭외하고 오빠는 하루 종일 짜장이의 뒤를 따라다니기도 했어요. 늦은 밤, 단단히 준비를 하고 구조를 시작했어요. 그런데 허무하게도 이동장을 놓아두니 아이가 알아서 들어가더라고요(웃음). 그렇게 짜장이는 서울에 있는 저희 집으로 오게 되었습니다. 집에서 확인해 보니 겉으로는 멀쩡해 보이던 꼬리 부분에 이상이 있는 것 같았어요. 알고 보니 꼬리 부분에 엄청 큰 구멍이 있더라고요. 염증도 심각했고요. 병원에 가보니 제 예리한 관찰 덕분에 단미는 막을 수 있었다 하더라고요. 지금은 꼬리를 마이크 삼아 노래도 부를 수 있게 해주는 귀여운 막내가 되었답니다!

이렇게 짜장이까지 합류해 완벽한 고양이 맛집이 되었군요. 막내라 그런지 늘 애교가 철철 넘치는 것 같아요.

짜장이는 참 귀여운 구석이 많아요. 외모, 몸매, 목소리, 자세까지 안 귀여운 구석이 없지만 특히 술래잡기할 때 가장 귀여워요. 짜장이는 똑똑하고 배려심이 넘쳐서 번갈아 가며 술래를 하게 해줘요. 계속 같은 포지션을 맡으면 재미없잖아요. 짜장이는 술래를 정말 잘해요. 눈에 띄지 않게 요리조리 움직이며 게임을 이끌죠. 제가 술래를 할 때 한 가지 주의해야 할 것이 있어요. 짜장이가 안 보이는 척 혼신의 연기를 해야 된다는 거예요. 너무 빨리 찾으면 불같이 화를 내거든요(웃음).

짜장이 곁에 있는 아이가 밥이 인가요? 짜장이 곁에 있으니 완벽한 '짜장밥'이 되었네요(웃음).
이전에 영화 촬영 현장에서 일을 한 적이 있었어요. 저는 출연하는 고양이를 케어하는 역할을 맡았죠. 흰 털에 연두색 눈을 가진 '두부'라는 고양이였어요. 힘든 촬영 현장이었지만 두부와 함께 있을 때면 늘 즐거웠던 것이 좋은 추억으로 남아 있었어요. 그리고 2–3년 정도 지났을 무렵, 우연히 SNS를 통해 흰 털의 연두색 눈을 가진 고양이의 입양 홍보 글을 봤어요. 보는 순간 두부와의 좋은 추억들이 떠오르더라고요. 바로 홀린 듯이 연락을 했습니다. 품종묘라 이상한 의도를 가지고 연락을 한 사람들이 많았는데, 저와 카레의 일상을 보고 마음이 놓으셨던 것 같아요. 그렇게 밥이는 가족이 되었습니다. 처음 집에 온 밥이에게서 악취가 심하게 났어요. 게다가 오랜 길거리 생활로 발바닥도 딱딱해져 있었죠. 그 딱딱한 발로 제 무릎에 올라오더니 그대로 한숨 푹 자더라고요(웃음). 악취가 나는 털복숭이는 품에 안기는 걸 참 좋아했어요. 그때부터 저는 밥이의 인간 방석이 되었습니다.

집사님과 함께 있는 '밥'이는 늘 따스해 보여요. 언제나 무릎을 사수하는 사랑둥이네요.
밥이는 우리 집의 홍일점 고양이에요. 이 귀염둥이는 새로

운 사람을 좋아해요. '금사빠'라고 할까요? 늘 처음 본 사람을 가장 좋아하죠. 본인이 예쁜 걸 아는지 집에 사람이 오면 따라다니며 안아 달라고 소리를 질러요. 밥을 먹고 있으면 손님들 무릎 위를 여기저기 옮겨 다니는 귀여운 악동이랍니다. 화장실까지 따라다니는 아이라서 문 단속을 철저히 하지 않으면 어느새 무릎 위에 올라와 있는 밥이를 발견할 수 있어요. 함께 누워 있다 잠이 들면 코 고는 소리로 자장가를 들려주기도 해요. 쉽게 잠들 수 있는 아름다운 자장가는 아니지만요(웃음).

그런 밥이도 다른 고양이들을 대할 땐 딱딱하고 차가운 '식은 밥' 상태라고 들었어요.
다른 아이들을 쓰다듬고 있으면 그 손을 비집고 머리를 들이밀어요. 끈기 있는 녀석이라 옆에서 기다리기도 하죠. 밥이가 만족할 때까지 충분히 쓰다듬어 줘야 다른 아이들을 보살필 수 있어요. 이렇게 넘쳐흐를 정도로 사랑을 받고 싶어 하는 아이예요. 카레와 허그 타임을 가질 때면 늘 식은 밥 상태로 저희를 쳐다보곤 한답니다.

최근엔 다른 아이들도 고양이 맛집에 입성하게 되었어요. 어떻게 함께하게 되었나요?
밥이는 개인 구조자님을 통해 입양을 진행했는데요. 그 인연으로 구조자님께 많은 이야기를 듣게 되었어요. 도움의 손길이 필요한 고양이들이 많다는 것도 알게 되었고요. 제가 도울 수 있는 방법이 없을까 고민을 하다가 카레의 SNS 계정을 통해 입양 홍보를 진행하게 되었어요. 아이들 사진으로 달력을 만들어서 판매금 전액을 기부하기도 하고요. 그렇게 4년이라는 기간 동안 인연을 이어 오고 있어요. 단순 입양자와 구조자의 관계가 아닌 믿고 기댈 수 있는 깊은 관계를 맺게 된 거죠. 최근 너무 힘든 시기가 있었어요. 뭐라도 하지 않으면 무너질 것만 같은 느낌이었습니다. 그때 임시 보호가 생각이 났어요. 사랑을 나누며 저도 마음의 짐

을 조금이나마 덜어 내고 싶었거든요. 구조자님께 연락을 드려 임시 보호를 진행하고 싶다 이야기했더니 마침 도움이 필요한 아이가 있다 하시더라고요. 그렇게 '춘장'이가 저희 집으로 오게 되었습니다. 춘장이는 저희 집에서 즐겁게 지내다 평생 가족을 만나게 되었어요. 춘장이가 가고 난 후에는 '콩물'이의 임시 보호를 진행하기도 했죠. 아이들과 정신없이 지내다 보니 어느새 저도 기운을 많이 차릴 수 있었고요. 역시 행복은 나눌수록 커지나 봐요.

어화둥둥 보살핀 춘장이가 평생 가족을 만나게 되었다니… 감회가 남다를 것 같습니다.
사람도 좋아하고, 고양이 형, 누나들과 잘 어울리던 춘장이라서 어딜 가든 잘 생활할 수 있을 거라 생각해요. 춘장이는 '하율'이라는 새 이름을 갖게 되었답니다. 그곳에서도 막내가 되었다고 해요. 600g 밖에 안 되던 아이가 의젓한 성묘가 되어 새로운 가족을 만날 수 있게 되었어요. 잘 자라주어서 고마울 따름이에요.

막내로서 많은 사랑을 받던 짜장이가 내리사랑을 전하는 모습이 보기 좋았어요.
짜장이는 아이들 중에서도 가장 무던한 성격을 가졌어요.

나이가 제일 어리니 체력도 좋고요. 그러다 보니 짜장이가 거의 춘장이를 업어 키우다시피 했죠(웃음). 춘장이는 지치지도 않는지 매일 온 집안을 활보하고 다녔는데요. 그럴 때마다 짜장이가 같이 놀아주곤 했어요. 둘이 난리를 치며 뛰어다니다 나란히 곯아떨어지기도 했고요. 한 번은 카레에게 혼쭐이 난 춘장이가 서러웠는지 짜장이에게 달려가더라고요. 듬직하고 유쾌한 짜장이를 아빠라고 생각한 걸까요?

언제나 백카레 짜장 밥 트리오는 큰 힘이 되어주네요. 보호자님께 세 아이들은 어떤 의미인가요?
맞아요. 늘 언제 어디서나 저에게 큰 힘이 되어주어서 정말 고마워요. 사실 임시 보호는 저의 결정이잖아요. 아이들 입장에선 귀찮고, 의아할 법도 하죠. 하지만 언제나 저의 결정을 이해해 줘요. 임시 보호 아이들의 적응을 도와주기도 하고요. 카레, 짜장, 밥이 없었다면 하지 못했을 일이에요. 임시 보호를 진행하며 많은 감정들을 느꼈어요. 처음엔 즐거운 마음으로 시작하지만 입양 가는 날이 오면 눈물 콧물을 쏙 빼게 되죠(웃음). 경험하지 않았다면 평생 몰랐을 감정이에요. 세 아이들 덕분에 많은 것을 배울 수 있었어요. 무슨 일이 있던 늘 함께해 주는 아이들이 참 고마워요.

THE
NAME THAT
UNITES US

글·사진 임지은 @_mieumi | 에디터 박재림

22+@ 커다란 묘연을 하나로 묶는 이름

콩님고니이백봄소이도리수리봉남삼이점돌앰버코코
기쁨선덕유신애옹이아저씨요미러비쁘니기적이할배
그리고 그들을 살뜰히 보살피는 집사와 마음 전하는 팬
복작복작 모든 묘연을 하나로 묶는 그 이름, '똥꽹이들'

대한민국에서 가장 유명한 다묘가정, 똥꽹이네를 찾게 되어 영광입니다.

안녕하세요, 스물둘 고양이들과 함께하는 '이삼' 집사입니다. 산이나 길에서 어렵게 살아가는 아이들을 구조하며 묘연을 맺다 어느덧 대가족이 되었네요. 콩님/고니/이백/봄/소이/도리/수리/봉남/삼이/점돌/앰버/코코/기쁨/선덕/유신/애옹이/아저씨/요미/러비/쁘니/기적이, 그리고 고양이별의 할배랍니다. 평균 추정나이 약 9세의 중년묘 모임이기도 합니다(웃음).

지금은 고양이 집사지만, 처음 함께한 반려동물은 강아지였어요. 복길이라는 강아지였는데 건강하게 지내다 어느 날 갑자기 무지개다리를 건넜죠. 마음의 준비조차 하지 못한 이별에 힘든 시기를 보내야 했습니다. 그날도 너무나 그리운 마음에 복길이의 유골함을 안고 평소 함께 산책하던 뒷산에 올랐어요. 그때 한 고양이를 만났고 손에 쥐고 있던 복길이 간식을 건넸어요. 아이가 도망도 안 치고 손바닥 위 간식을 먹는데 그 모습을 보면서 위로를 받았죠. 그 뒤로 매일 그 산을 찾게 되었습니다. 묘연의 시작이었어요.

그날을 계기로 길고양이를 보살피고 위험에 놓인 친구들, 유기묘, 파양묘 등을 구조 및 입양하셨죠. 가족이 된 스물

두 고양이의 이름을 짓는 것도 보통 일이 아니었을 것 같습니다.

이름을 단순하게 짓는 편이에요. 구조 및 입양 당시의 상황, 직관적으로 느껴지는 외형의 특징이나 독특한 행동을 바탕으로 작명을 했죠. 덕분에(?) 유튜브 채널 구독자님들로부터 핀잔도 자주 받습니다. 작명센스가 너무 떨어진다면서요(웃음). 코코, 앰버처럼 다른 사람이 지은 이름은 세련되고 예쁜데 제가 지은 건 그렇지 않다고…. 사실 처음엔 고양이들 이름에 관해서 별 생각이 없었는데 유튜브를 시작하고 구독자님들 반응을 보면서 '조금 심하긴 했나?' 싶기도 하더라고요. 개인적으로 너무 세련된 이름은 입에 착! 붙지 않기는 해요. 그래도 저의 작명센스가 최악은 아니지 않나요? 10점 만점에 5점은 줄 수 있을 거 같은데… 너무 후한가요?

… 노코멘트 하겠습니다.

콩이라든지, 봄이, 소이, 요미, 쁘니, 러비 같은 이름은 객관적으로 봐도 무난하고 괜찮은 이름 같은데… 러비는 구조 당시 산에도 하도 서럽게 울어서 '서럽이'였는데 동물병원 선생님이 이름이 너무하다고 웃으면서 말씀하시더라고요. 그래서 '서'를 빼고 부르기 시작했는데 지금은 이름처럼 러

블리한, 너무나도 사랑스러운 아이가 되어 기분이 좋아요. 기쁨이도 의미를 담은 이름입니다. 산에서 지내면서 출산을 여러 번 했지만 매번 불의의 사고로 새끼를 잃고 힘들어한 아이였어요. 구조 당시에도 만삭이었는데 더 이상 새끼를 잃지 않고 기쁘게 살라는 바람에서 붙인 이름이었죠.

막내 기적이는 두 눈을 잃었고 발작 문제로 병치레가 잦은 아이인데, 병원에서 의식도 없이 호흡기를 하고 치료받는 모습을 지켜보면서 정말 절박한 마음으로 기적이 일어나길 바라며 붙인 이름입니다. 정말이지 저에겐 남다른 의미로 다가오는 이름이죠.

고양이들이 각자의 이름을 잘 알아듣나요?

네! 다들 자기 이름을 인지하고 있는 것 같아요. 그 중에서도 첫째 콩님이가 이름을 부르면 가장 빠르게 반응해요. 그런데 콩님이를 부르면 도리가 같이 돌아보는 경우가 자주 있어요. 비슷하게 들리는가? 불러도 무시하는 아이는 점돌이예요…

워낙 애들이 많다 보니 가끔은 엉뚱한 이름으로 잘못 부를 때도 있어요. 이백이한테 "코코야~"라고 하고 러비한테 "쁘니야~"하고 부르는 식으로 말이죠. 머릿속에선 헷갈리지 않는데 정작 입에서는 다른 이름이 나올 때가 있는 것 같아요.

스물두 고양이들을 한 번에 부르는 이름이 있으시죠. 똥괭이들, 말이에요.

제가 경상도 지역 출신이예요. 어르신들이 손자 손녀나 어린 아이들을 부를 때 "우리 똥강아지들~"하고 부르시는 걸 듣곤 했죠. 어느날 고양이들이 집안에서 소소한 사고를 쳐서 그걸 수습하면서 저도 모르게 "으이구, 이 똥괭이들아!"라고 했는데 내심 그 표현이 마음에 들더라고요. 그 뒤로 애들을 똥괭이들, 똥괭이들, 하고 자주 부르다 보니 입에 붙었죠. 〈22똥괭이네〉라는 유튜브 채널명도 그렇게 탄생한 것이구요. 2019년 출간한 책 제목 역시 〈22똥괭이네, 이제는 행복한 집고양이랍니다출판사 위즈덤하우스〉가 되었습니다.

똥꽹이는 고양이들을 부르는 이름인 동시에 집사님, 그리고 30만 명의 구독자(팬)를 가리키는 명칭입니다. 커다란 묘연을 하나로 묶는 이름인 셈이죠.

저희 애들은 22똥꽹이로 부르게 되었으니 자연스럽게 저는 23번 똥꽹이, 줄여서 이삼 집사가 되었습니다. 그리고 유튜브와 인스타그램 등 SNS를 통해서 똥꽹이들에게 사

랑을 보내주시는 팬분들이 24번 똥꽹이, 줄여서 '이사'님들이 된 것이구요. 우리 똥꽹이들 이름 지을 땐 작명센스가 조금 아쉬웠다는 걸 인정하지만 23번과 24번 똥꽹이들 이름은 정말 잘 지은 것 같다고 자부하고 있습니다(웃음).

22똥꽹이들 말고도 구조, 임시보호 등으로 인연을 맺으며

이름을 지어준 친구들이 많다고 들었습니다. 그런 집사님께 '이름'은 어떤 의미로 다가올까요?

저에게 이름이란 '연이 시작되는 순간'인 것 같아요. 이름을 붙임으로써 그 아이와 저 사이에서 정식으로 어떠한 인연이 시작되는 거죠. 그것이 길든 짧든 말이에요.

사실 그런 이유 때문에 언젠가부터 길아이들에게는 이름

을 붙여주지 않게 되었어요. 길에서의 묘생은 언제 어떻게 끝날지 모르니까요. 이름과 함께 정을 준 아이들이 사라지면 견디기가 어려워요. 더 이상은 입양이 어려운 상황이라는 점도 있구요. 결국 너무나 귀한 행위지만 그래서 참아야 하는 것이 이름 붙이기인 것 같습니다.

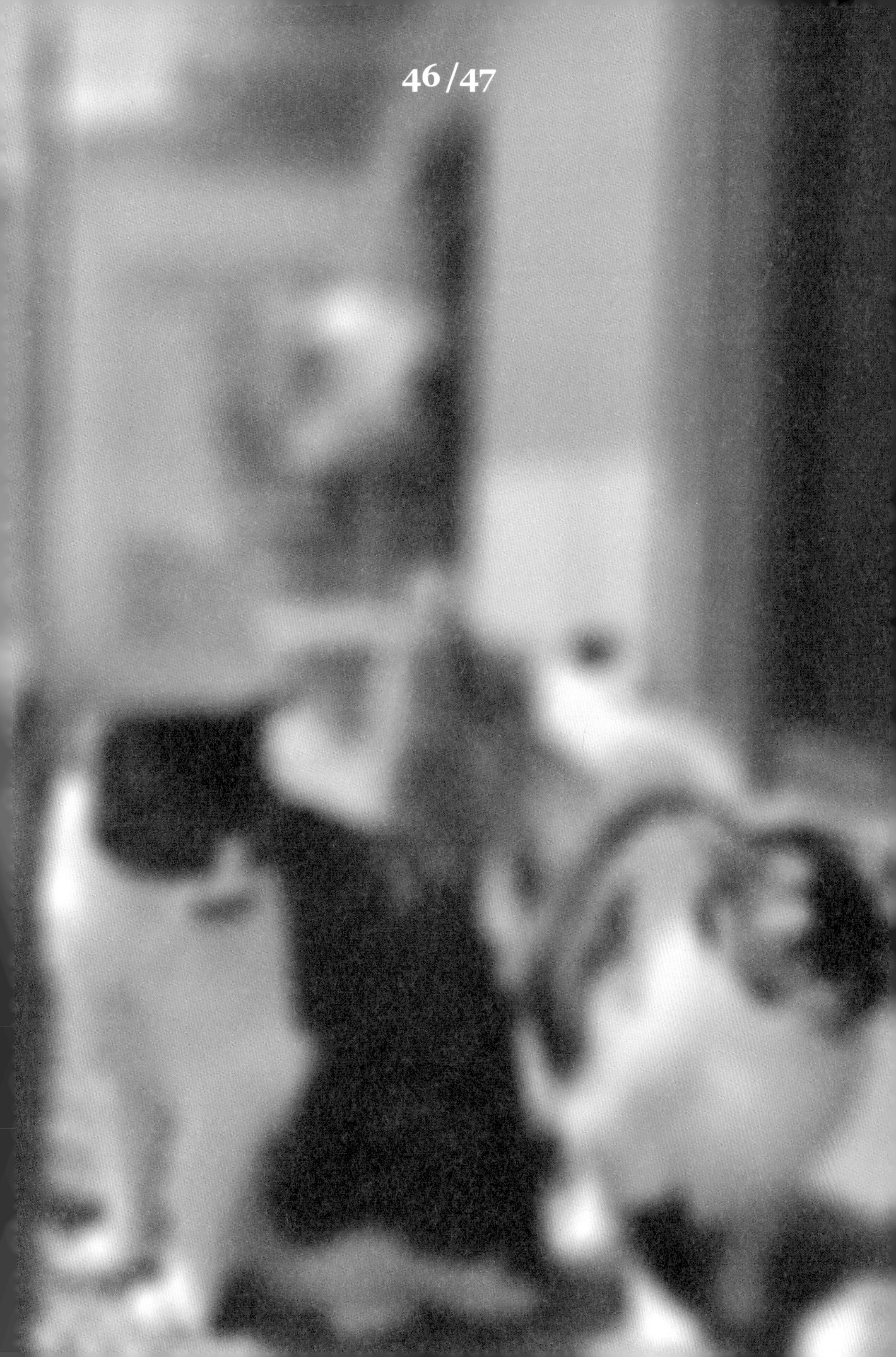

사계절이 머무는 카페

CAFE WHERE THE FOUR SEASONS STAY

글사진 조은지(@anor_4season | 에디터 최진영

사계절이 머무는 카페

카페를 가득 채운 네 고양이들. 각자의 시간을 즐기다가도 모두 함께 모이면 카페의 풍경은 더욱 활기가 가득해진다. 작은 카페를 가득 채운 네 개의 계절들. 넷이 하나가 되는 순간, 시간은 안온하게 흐른다.

들어서기만 해도 안온한 분위기가 물씬 풍기는 공간이에요. 카페 안온을 소개해 주세요.

안녕하세요. 카페 안온에 오신 걸 환영해요. 이곳은 저와 남편 그리고 봄, 여름, 가을, 겨울 네 고양이가 함께하는 공간이에요. 저는 늘 소박한 시골집에서 안온한 시간을 보냈으면 했어요. 아담한 공간에서 조용하고 평안한 하루하루를 보내며 말 그대로 '안온한' 사계절을 즐기는 거죠. 그런 소망을 담아 아이들에게 계절을 하나씩 붙여주게 되었답니다. 카페 안온은 저희 가족의 살림집이기도 한데요. 여섯 식구가 즐기는 소소하고도 안온한 일상을 함께 누리고자 카페로 운영하게 되었습니다.

'봄'이는 봄처럼 수줍은 고양이네요. 빼꼼 고개를 내미는 모습이 살랑 불어오는 봄바람 같아요.

봄이는 수줍음이 많은 안온 막내아들이에요. 이전에는 낯을 가리지 않는 명랑한 고양이었어요. 그런데 사춘기가 지나면서 성격이 바뀌더라고요. 낯선 사람이 오면 처음에는 살짝 숨어 있다가 시간이 지나면 살며시 다가가죠. 겨울이 지난 후 봄 새싹들이 수줍게 피어나는 것처럼요.

노란 고양이가 고개를 내밀고 "야옹" 하며 반기는 모습이 꽃을 닮았어요. 봄이를 꽃에 비유한다면 어떤 꽃이 가장 잘 어울릴까요?

봄이는 꽃의 여왕인 장미 같은 아이에요. 얼굴을 가만히 보고 있으면 귀엽고 사랑스러워서 홀딱 반할 것 같거든요. 그

@ssani903

렇다고 너무 서둘러 다가가면 안 돼요. 인형 같은 외모에 홀려 다가가서 관심을 주면 가시를 세우고 앙칼진 모습을 보여주거든요. 적당한 거리를 지켰을 때 가장 아름다운 모습을 보여주는 것이 꼭 장미 같죠.

반짝이는 눈이 한 여름의 태양 같아요. 그래서 이름이 '여름'이인걸까요(웃음)?
이글이글 타오르는 눈동자도 여름스럽지만 사실 가장 느릿느릿해서 여름이라고 이름 짓게 되었어요. 여름에는 뜨거운 태양빛 때문에 다들 늘어져 있잖아요. 여름이도 항상 늘어져 있어요. 물론 가장 좋아하는 식사시간엔 작열하는 햇빛처럼 빠르게 움직인답니다. 여름이는 말 그대로 밥만 좋아하는 밥돌이에요. 심지어 간식도 별로 좋아하지 않죠. 밥이 너무나 맛있는지 얼굴을 그릇에 푹 집어넣고 먹어요. 그러다 보니 사료를 잘 흘리기도 해요. 취침 전에 그릇에 사료를 담아두고 잠자리에 드는데, 일어나서 확인해 보면 그릇 주변만 봐도 어느 그릇의 밥을 먹었는지 알 수 있는 정도예요.

봄이 지나고 여름이 오듯이 봄이와 여름이는 정말 많이 닮

았어요.
봄이와 여름이는 등의 털색을 보면 쉽게 구분할 수 있어요. 흰색이 많으면 봄이, 브라운 베이지색 등에 반달곰 무늬가 있으면 여름이랍니다. 외모가 비슷해서 그런지 후기를 보다 보면 둘을 바꿔서 이야기하시는 분들도 더러 있어요. 저희 눈에는 너무 다르게 생겼는데 헷갈려 하시는 모습을 보면 신기하기도 해요.

'가을'이는 이름과 참 잘 어울리는 고양이네요. 고운 털색이 거리를 물들인 은행잎 같아요.
고양이 행복의 3요소가 집, 놀이, 집사라면 가을이는 그중에 놀이를 가장 좋아하는 아이예요. 쉬는 날에도 놀아달라 애교를 부리죠. 평소 다른 아이들이 심한 장난을 치거나 밥을 뺏어 먹어도 양보할 정도로 착한 성격을 가진 고양이인데요. 장난감 욕심은 상당해서 놀이 시간에는 앙탈을 부리곤 해요. 늘 궁금한 게 투성이인 호기심 대마왕이에요.

가을이 덕에 행복한 웃음소리가 끊이질 않아요. 역시 카페 안온의 최고 인기남다워요.

@chaaaaaayh

가을이는 똑똑해서 사람들에게 놀아 달라 요구하기도 해요. 그 예쁜 눈으로 빤히 쳐다보면 어느 누가 거부할 수 있겠어요(웃음)? 캣타워에서 놀고 싶으면 캣타워를 빤히 쳐다보며 손님들에게 눈빛으로 이야기해요. 그럼 가을이에게 푹 빠진 손님들이 캣타워로 자리를 옮겨 신나게 놀아주죠. 아기 시절에도 엄청난 활동량을 자랑했어요. 우다다 집을 활보하기도 하고요. 집을 정복한 이후에는 바깥 세상이 궁금했는지 문을 열고 탈출을 시도한 적도 있어요. 탈출은 모두 실패로 끝났지만 활발한 가을이 덕에 곤란했던 적이 한두 번이 아니에요.

가을이가 우다다 뛰어다녀도 아랑곳하지 않고 자는 모습이 재밌어요. '겨울'이는 소문대로 늘 겨울잠에 빠져 있군요.
겨울이는 성격이 느긋하고 여유로워요. 그래서 저희 부부는 항상 인생은 겨울이처럼 살아야 한다고 이야기하죠. 그 정도로 자신의 일상을 즐기는 고양이에요. 또 겨울이는 제 남편을 참 좋아해요. 쉬는 날이면 남편의 무릎에서 잠투정을 부리기도 하는 애교쟁이랍니다. 잠을 실컷 자고 나면 놀이를 즐기기도 하는데 워낙 와식 생활을 즐기는 아이라 그런지 점프하는 모습이 살짝 어색한가 봐요. 손님들이 종종 고장난 로봇 같다고 웃음을 터트리기도 한답니다.

착하고 느긋한 겨울이지만 낮잠을 방해하는 손님은 가자미 눈으로 흘깃 흘겨보기도 한다고… 잠자는 겨울이를 건들면 혼쭐나겠어요(웃음).
겨울이는 웬만해서는 잠에서 깨지 않아요. 그래도 가까이 다가가거나 다른 아이들의 소리가 들리면 번쩍 잠에서 깨기도 해요. 겨울이의 수면을 방해하면 집사인 저희도 가끔 혼쭐이 난답니다(웃음). 잠자는 겨울이를 방해하면 안 되겠죠?

고양이가 공간을 가득 채우고 있네요. 카페 안온을 보면 평화로운 풍경화를 보는 것 같기도 해요.
저도 가끔 그렇게 느껴요. 각자의 위치에서 손님들과 시간을 보내는 고양이들을 보고 있으면 어느새 마음이 편안해져요. 봄이는 봄 날씨처럼 예측 불가능한 매력을 뽐내요. 자기의 마음에 드는 손님에게만 얼굴을 보여주죠. 손님들과

의 밀고 당기기를 담당한달까요? 여름이는 웃음을 담당하고 있어요. 식사 시간에 늘 재미있는 모습을 보여주곤 하는데요. 그 모습을 보고 손님들이 많이 웃으시니 저도 덩달아 즐거워져요. 가을이는 손님들의 응대를 돕는 기특한 아이에요. 캣타워를 이리저리 옮기며 손님들과 많은 시간을 보내죠. 겨울이는 요즘 귀엽다는 말을 알아듣는 건지 모든 손님들의 사랑을 한몸에 받으려 하고 있어요. 손님들 주변을 돌아다니며 칭찬을 받고 있죠. 겨울이는 카페 안온의 얼굴마담이네요.

넷이 함께하니 더욱 행복해지는군요.
맞아요. 계절이들은 함께 시간을 보낼 때 가장 행복해한답니다. 가을이와 봄이는 함께 노는 걸 참 좋아해요. 둘이 장난감 취향이 비슷해서 같은 장난감을 두고 경쟁하며 신나게 놀죠. 또 봄이는 여름이와 우다다 하는 것도 굉장히 좋아해요. 봄이가 빠르고 민첩하다 보니 여름이가 항상 져서 분해해요(웃음). 가을이와 겨울이는 항상 붙어서 잠이 들곤 하는데요. 쉬는 날도 항상 둘이 꼭 붙어 낮잠을 자요. 각자 성격도 개성도 다른 네 고양이가 사이좋게 지내는 게 감사할 따름이에요.

따스한 분위기가 가득한 공간에서 온 가족이 함께하네요. 네 고양이와 사계절을 보낼 수 있다는 건 특별한 일 같아요.
계절이들과 평범한 하루를 보낼 때 가장 안온하다 생각이 들어요. 아이들이 밥을 먹고, 장난치고, 잠을 자기도 하는 모습을 보는 것 자체로 웃음이 끊기질 않죠. 그래서 건강하고 평범한 하루에 더욱 큰 고마움을 느껴요. 그리고 내일도 건강하고 소소한 일상을 보낼 수 있게 해달라 기도를 하며 하루를 마무리하죠. 계절이들과 함께 벌써 8번의 계절을 보냈네요. 안온한 순간도 많았지만 힘든 순간도 있었어요. 하지만 우여곡절이 있었기 때문에 평범한 하루하루가 더욱 소중해질 수 있었다고 생각해요. 저희 부부에게 계절이들은 대단하고 확실한 행복이에요. 계절이들이 모든 사계절을 안온하게 만들어 주어서 항상 고마운 마음이죠. 그 마음을 전하기 위해 늘 노력하고 있습니다.

BEAUTIFUL NIJIMORI
WHERE KOREAN CATS RUN

자료협조 니지모리 스튜디오 @nijimoristudio-official | 사진 안진환 | 에디터 박지름

대한의 코숏이 뛰노는 작은 일본,
여기는 '무지개숲' 니지모리

경기도 동두천시 칠봉산 자락에 '작은 일본'이 있다. 1600년대 초반부터 1800년대 후반까지의 일본, 에도시대 마을을 재현한 〈니지모리 스튜디오〉가 바로 그곳이다. 타임머신을 타고 도착한 과거의 이웃나라, 그리고 이곳에서 조우한 대한의 고양이들. 위풍당당 우다다 중인 '코숏' 친구들의 발자국을 따라가면 무지개숲 묘신(猫神)을 만날 수 있다?!

무지개를 뜻하는 니지(にじ)와 숲을 의미하는 모리(もり)가 더해진 니지모리를 방문한 지난 1월 17일은 '8번째 색깔'이 환영인사를 건넨 날이었다. 며칠 전 내린 하얀 눈이 눈부신 설경을 선사한 것. 영화 및 드라마는 물론 예능프로그램 촬영지로 유명한 이곳은 약 4만㎡(약 1만2000평) 규모로, 일반인도 방문하여 즐길 수 있는 테마파크형 스튜디

오다. 작은 호수가 있는 내부 산책로를 거닐며 에도시대 일본을 간접 체험할 수 있고 료칸(일본식 여관), 식당, 카페, 의상실, 잡화점 등도 이용 가능하다.

여러 볼거리 중 한국인 눈에 가장 색다른 것은 스튜디오 곳곳에 위치한 신단(神壇)이다. 일본은 예로부터 다양한 신을 섬겼고 그 중에는 동물신도 있어 그들을 위한 공간을 마련해왔다. 그 문화를 니지모리에 녹인 것으로, 여러 동물을 모시는 신단을 볼 수 있다. 그 중 제일 먼저 시선을 사로잡은 건 역시 고양이신을 위한 네코(ねこ)단. 각종 고양이 조각상, 그림, 인형 등으로 장식된 이곳에 이름이 적힌 명패와 고양이 밥그릇도 한 자리씩 차지하고 있다. 얼마 지나지 않아 오늘의 주인공들이 모습을 드러내며 이곳으로 다가

온다. 앞장선 임도빈 니지모리 이사의 뒤를 졸졸 따르며 말이다.

"니지모리의 하루는 고양이들 밥을 챙기는 것으로 시작됩니다. 스튜디오 마스코트인 이 친구들의 이름은 '니코' '모리' '오다' '간지'예요. 따뜻한 건물 실내, 각자 원하는 곳에서 밤을 보낸 뒤 해가 뜨고 밥 먹을 때가 되면 이곳 네코단으로 모여요. 밥은 항상 여기서 먹는데, 지금은 한 녀석이 빠졌어요. 오다가 며칠 전 스튜디오에 들어온 다른 길고양이와 다투다가 다리를 다쳤거든요. 회복에 전념하느라 요즘 실내에서만 생활하고 있어요. 네코단에서 밥을 먹은 뒤에는 고양이들이 스튜디오 이곳저곳을 자유롭게 돌아다니며 시간을 보냅니다."

원래는 강아지를 좋아했지만 이곳 고양이들과 지내며 매력에 푹 빠졌다는 임도빈 이사는 마치 성공한 자식을 자랑

하듯 녀석들을 하나하나 소개했다. 2021년생 치즈태비 니코(にこ)와 동갑내기 삼색이 모리(もり)는 길고양이 출신으로, 임도빈 이사의 지인이 생후 6개월까지 보살피다 이곳으로 왔다. 그해 9월 스튜디오 개장 이전부터 생활 중이니 니지모리의 산증인, 아니 '산증묘'들인 셈이다. 처음엔 스튜디오 이름을 따서 '니지'와 '모리'라고 하려고 했지만 어감이 조금 이상했다고. 니코는 순둥이고, 모리는 깍쟁이 요조숙녀란다.

오다(おだ)는 2022년 초, 스튜디오 입구 근처에서 발견된 고등어무늬 길고양이였다. 직원들이 밥과 물을 챙겨주고 입구 근처에 집까지 만들어줬다. 길고양이는 한 발 한 발 스튜디오 내부로 접근해 발자국을 하나둘 찍더니 언젠가 아예 입주(?)를 했다. 그리고 '오다 가다 결국 왔다'는 의미로 오다라는 이름이 붙었다. 나이는 미상이나 '스트리트 경력'이 만만치 않아 보였던 오다는 스튜디오의 가족이 되자마

자 니코와 모리를 제치고 서열 1위에 등극했다. 턱시도 고양이인 간지(かんじ)는 지난해 4월 이곳 막내로 합류했다.

의도한 작명은 아니지만 니코, 간지, 모리, 오다의 이름을 조합하면 '니지모리 오다'가 된다. 코리안쇼트헤어 4인방, 아니 4묘방이 스튜디오 홍보대사로 이름값을 하고 있는 것이다. 임도빈 이사는 니지모리 공식 SNS에서 고양이들 사진을 보고 찾아왔다는 손님도 적지 않다고 밝혔다. 실제 이날 스튜디오를 찾은 관광객 남이슬 씨도 "고양이들이 너무 귀여워서 오게 됐다. 카페 안에서도 만났는데 너무 순해서 계속 쓰다듬었다. 기념품샵에 이곳 고양이 사진으로 만든 귀여운 엽서도 있길래 종류별로 모두 구매했다"고 말했다.

스튜디오 내 각종 편의시설에도 고양이들 이름이 붙었다. 일본 전통의상을 빌려 입을 수 있는 의상실은 '모리 의상실', 간식과 마실 거리를 살 수 있는 슈퍼마켓은 '모리 마트', 선물을 살 수 있는 가게는 '간지야', 서적을 모아둔 '니코 서재', 스튜디오 내에서 특별한 기념사진을 촬영할 수 있는 '오다 사진관'이다. 신기한 것은 삼색이 모리가 항상 모리 마트에서만 잠을 잔다는 사실. 모리 마트의 종업원은 "모리는 여기가 자기 이름이 붙은 곳이라는 걸 아는 것 같다"며 웃었다. 참고로 모리 마트는 고양이용 짜 먹는 간식도 하루 10개 한정 – 고양이들 건강을 위해 – 으로 판매한다.

이날 다소 추운 날씨에 다른 고양이들은 주로 실내에 머물렀지만 '맏이' 니코는 니지모리 스튜디오 곳곳을 직접 소개하겠다는 듯 임도빈 이사를 따라다니며 열심히 눈 위에 발자국을 남겼다. 지금은 추운 날씨에 호수가 꽁꽁 얼었지만 봄~가을에는 호수 속 잉어를 쳐다보는 것이 니지모리 고양이들의 주요 일과라고 한다. 서열 1위 오다는 고양이들 사이에서는 카리스마 넘치는 짱이지만 사람들 앞에서는 가장 애교가 많아 인기 최고라는 고급 정보(?)도 얻었다. 벚꽃 핀 봄, 초록이 넘치는 여름, 단풍이 물든 가을… 또 다른 계절의 풍경과 그 안에 스며든 고양이들을 상상하는 것만으로 배시시 미소가 지어진다.

니지모리에는 일본인들의 고양이 사랑을 표현한 듯 곳곳에 고양이 그림과 인형, 사진 등 장식품이 자리잡고 있다. 모리 의상실에 그려져 있는 니코, 모리, 오다, 간지의 벽화도 그 중 하나. 이곳 의상실에서 일하는 직원 김채윤 씨는 "저도 그렇고, 여기 직원 중에 반려인이 많다. 우리 같은 사람들에게는 고양이 친화적인 분위기 자체가 최고의 직원 복지"라며 엄지를 세웠다.

니지모리는 지금도 변신 중이다. 현재 공사 중인 두 개의 신단이 지어지면 무지개숲이라는 명칭처럼 총 일곱 종류의 동물신(여우, 거북, 멧돼지, 이리, 고양이, 토끼, 독수리)을 모시는 공간이 완성된다. 스튜디오의 가장 높은 언덕에서는 일본 각 도시의 유명한 성(城)을 모티프로 한 '모리에 성'도 지어지고 있다. 또 한 가지 특별한 계획이 있다. 바로 반려견 동반 출입이다. 임도빈 이사는 "일주일에 하루, 반려견과 함께할 수 있는 날을 만들려고 한다. 우리 고양이들도, 방문하는 강아지들도 안전하게 즐길 수 있는 방향으로 기획 중"이라고 귀띔했다.

DANGDANG BROTHERS BROWN SUGAR

CALM AND QUIET 2 YEARS OLD
INFJ / CATNIP MANIA
THE CUTE BUTLER'S STALKER

NET WT. 9.3 LBS 148 OZ (4.2KG)

— COTTON CANDY —

DANGDANG BROTHERS
WHITE SUGAR

SWEET AND SALTY 1 YEAR OLD
ESFP / MISCHIEVOUS BOY
BROWNSUGAR'S JOLLY STALKER

NET WT. 10.2 LBS 164 OZ (4.65KG)

설탕의 중심에서
흑백을 외치다

나른하게 누워있는 까만 고양이를 흰 고양이가 확 깨문다. 까만 고양이도 민첩하게 일어나 흰 고양이에게 냥냥 펀치를 날린다. 눈을 의심하게 되는 흑과 백의 결투에 관중들은 웃음이 만발한다. 흑돌과 백돌을 닮은 두 고양이의 대결은 알파고와 이세돌의 대국을 보는 것 마냥 손에 땀을 쥐게 한다. 정반대의 매력을 가진 고양이 형제의 털 날리는 싸움, 과연 마지막 신의 한 수는 어떤 색깔일까?

글·사진 정보경 @brownsugar_ddang | 에디터 최진영

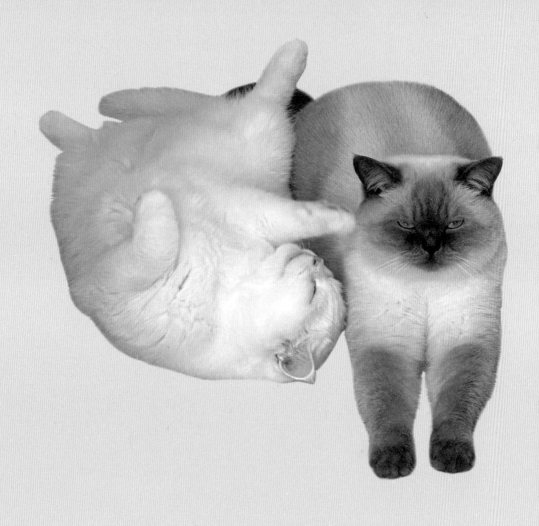

**안녕하세요. 달달한 내음이 가득 풍기는 집이네요. mellow
독자분들께 당당(糖糖)형제를 소개해주세요.**

안녕하세요. 저희 두 아이는 '당'자를 돌림자로 사용해 당당
형제로 불리고 있어요. 동글동글한 흑당 버블티를 닮은 2
살 형 '흑당이'와 하얗고 포근한 솜사탕을 닮은 1살 동생 '백
당이'가 그 주인공이죠. 형인 흑당이는 차분하고 조용한 성
격이에요. 조선시대에 태어났다면 양반집 도련님이었을
거라고 생각한 적도 있어요. 취미는 집사 스토킹입니다. 항
상 제 곁을 떠나지 않죠. 백당이는 외모도 성격도 흑당이
와 정반대예요. 유쾌하고 혼자만의 시간을 중요시하죠. 가
끔 안 보인다 싶으면 아무도 없는 방에서 혼자 낮잠을 자고
있기도 해요. 성격이 좋아서 편식도, 장난감도 가리는 것이
없는 고양이에요.

**반려묘와 함께 살게 된 특별한 계기가 있으셨나요? 이전에
는 고양이를 무서워하신 적도 있었다고 들었거든요.**

네, 맞아요. 고양이를 무서워하던 편이었어요. 어릴 적 안 좋
은 기억이 있기도 했고, 그 이후에는 고양이와 친해질 기회
도 없었거든요. 그런데 제 남자친구는 정반대예요. 두 마리
의 고양이를 키우던 집사였거든요. 남자친구와 연애를 하며
자연스레 고양이들과 친해지게 되었어요. 고양이의 매력에
빠지게 된 거예요. 오랜 시간 고민 끝에 결혼을 하고 난 후 고
양이를 반려하기로 결정했어요. 그렇게 흑당이는 저희의 가
족이 되었답니다.

흑당 버블티보다 달콤할걸요?
이름만큼 달달한 고양이 흑당이

'흑당이'라는 이름을 짓게 된 이유가 궁금해요. 어릴 때
도 얼굴에 까만 설탕이 잔뜩 묻어 있었나 봐요(웃음).
어릴 때도 얼굴에 흑설탕이 잔뜩 묻은 달달한 고양이였
어요. 거뭇거뭇한 얼굴에 잉크 한 방울이 톡 번진 듯한
네 발을 보니 흑당 버블티가 생각나더라고요(웃음). 그
때 당시에 한참 버블티에 빠져 있었거든요. 자연스럽게
이름을 '흑당이'로 짓게 되었어요. 흑당 버블티에 빠진
제 앞에 음료 속 동그란 블랙펄과 똑 닮은 고양이가 나
타난 거죠. 이게 바로 운명 아닐까요?

**많은 랜선 집사를 보유하고 있는 흑당이의 매력을 소개
해 주세요.**
흑당이의 매력을 모두 설명하려면 끝도 없지만 가장 큰
매력 포인트는 외모가 아닐까 생각해요. 처음 보신 분들
은 샴고양이로 착각할 정도로 털색이 비슷하거든요. 하
지만 체형은 전혀 다르죠. 체형은 통통하고 짤막한 브리
티시쇼트헤어와 비슷해요. 이런 반전 매력 덕분에 흑당
이를 사랑해 주는 것 같아요. 거기다 진한 푸른 눈을 가
지고 있어요. 고양이의 눈을 무서워하는 분들도 흑당이
의 눈을 보면 우주를 보는 것 같다 하더라고요. 이렇게
독특한 외모를 가지고 있는데 성격도 애교스러워서 많
은 분들이 사랑해주는 것 아닐까 생각이 들어요.

흑당이와 함께라면 일상도 달달해질 것 같아요.
재택근무를 하면 업무에 집중을 하다 보니 흑당이에게 관심을 못
줄 때가 더러 있거든요. 그럴 땐 저를 손으로 툭툭 치면서 자기를 봐
달라고 시위를 해요. 귀엽게 애교 부리는 모습을 보면 일이 지치고
힘들어도 사르르 녹는 것 같아요. 또 아침이면 '흑당 모닝콜'로 변신
해요. 휴일에도 일어날 시간이 되면 잊지 않고 달려와 "아옹~" 하며
저를 깨워요. 일어날 때까지 지치지도 않고 계속 울어요. 막상 제가
일어나면 흑당이는 다시 잠에 빠져요. 이럴 거면 왜 그렇게 절 깨웠
는지…(웃음). 그래도 귀엽게 잠든 모습을 보면 피곤이 싹 달아나요.

외모는 귀여운 백설탕,
성격은 장난끼 넘치는 소금?
단짠 단짠 매력의 백당이

흑당이가 1살이 되던 해, 얼굴이 까만 흑당이와는 달리 새하얀 털을 가진 동생이 생겼어요.

많은 이유가 있었지만 흑당이에게 고양이 가족을 만들어 주고 싶은 마음이 가장 컸어요. 문득 제가 채워주지 못하는 부분이 있을 수도 있겠다 싶었거든요. 흑당이와 같이 살기 시작하면서부터는 외출도 줄이고 많은 부분을 흑당이에게 맞춰 생활했어요. 그래도 가끔 외출을 하게 되면 혼자 집을 지키고 있을 흑당이가 너무 걱정이 되더라고요. 워낙 제 껌딱지이다 보니 외롭진 않을까 늘 신경 쓰였죠. 제가 없을 때에도 흑당이가 의지할 수 있는 고양이 가족이 있었으면 좋겠다 생각하던 차에 흑당이의 동생들이 태어났다는 소식을 듣게 되었어요. 그리고 그 아이를 보는 순간 바로 반려하기로 결정했죠. 또 은연중에 다묘 집사가 되고 싶었는지도 몰라요(웃음). 집사 분들은 공감하시겠지만 고양이는 반려할수록 그 매력에 더욱 빠져들게 되잖아요. 흑당이를 핑계로 다묘 집사의 꿈을 이루게 된 건 아닐까 싶기도 해요.

하얀 설탕이라는 뜻의 '백당이'라는 이름은 어떻게 짓게 되셨나요? 얼굴을 보니 알 것도 같긴 하지만요(웃음).

흑당이를 만나기 전에는 하얀 털을 가진 고양이가 제 로망이기도 했어요. 고양이와 친해진 지 얼마 되지 않은 터라 만화나 영화 속에 자주 등장하는 흰색 고양이가 친숙하게 느껴졌나 봐요. 그 후 흑당이를 반려하게 되어 하얀 고양이에 대해 잊고 지내다 어느 날 운명처럼 흰 털을 가진 고양이를 만나게 되었어요. 흑당이의 동생이 태어났다는 소식을 듣고 달려 간 곳에 새하얀 아기 고양이가 저희를 반겨주고 있더라고요. 그 얼굴을 보는 순간 첫눈에 사랑에 빠졌죠. 그렇게 백당이는 저희 집 막내가 되었습니다. 이름에 대해 고민을 많이 했어요. 아무래도 흑당이의 친동생이니 비슷한 느낌으로 이름을 짓고 싶기도 했고요. 많은 고민을 하다 흑당이와 돌림자인 '백당이'로 이름을 짓게 되었어요. 처음 만나자마자 백설탕 같은 뽀얀 모습에 제 맘을 빼앗겼거든요.

하얗고 순한 외모와는 반대로 엄청난 장난꾸러기라는 이야기를 들었어요.

백당이는 단순하고 늘 에너지 넘치는 개구쟁이에요. 형인 흑당이 한테 눈치 없이 까불다가 혼쭐이 나기도 하고요. 호기심도 많은 편이라 흑당이만 반려했을 때는 아무 문제 없었던 부분들이 새로 운 고민거리가 되기도 해요. 장식품 같은 물건들을 숨기거나 감춰 두기도 하죠. 장난꾸러기 백당이가 가만 두질 않거든요.

'인생은 백당이처럼'이라는 소개 글이 눈에 띄어요. 백당이는 묘 생을 즐기는 스타일인가요?

백당이는 정말 낙천적인 성격이에요. 형에게 혼나거나 서열 정리 를 당해도 아무렇지 않게 자기 할 일을 하기 바빠요. 흑당이가 목 덜미를 깨물든 말든 낮잠을 즐긴답니다. 자기가 놀고 싶을 때 놀 고 자고 싶을 때 자는 자유로운 영혼이에요. 그래서 가끔 집 안 한 가운데서 널브러져서 잠을 자기도 해요. 자신의 묘생을 200% 즐 기는 고양이죠(웃음).

LET'S FALL IN LOVE WITH SWEETNESS

그러고보니 당당형제는 성격도, 외모도 정반대네요. 흑당이는 까맣고 애교가 많고 백당이는 하얗고 장난기가 많고요. 처음 만났을 때는 우여곡절이 있었을 것도 같아요.

흑당이는 백당이를 처음 본 후 충격을 받았던 것 같아요. 첫날부터 어찌나 우렁차게 존재감을 알리던지… 두 고양이가 원활하게 적응할 수 있도록 공간 분리를 해 두었는데, 그곳을 탈출하겠다고 난리를 피웠어요. 결국 백당이는 탈출에 성공해 온 집안을 돌아다녔어요. 흑당이가 다가와도 신경조차 쓰지 않았죠. 자기보다 덩치가 큰 흑당이가 무서울 법도 한데, 원래 제 집인 것 마냥 당당하게 행동해서 오히려 흑당이에게 상황을 이해시키느라 애먹었던 기억이 있네요. 조금씩 천천히 서두르지 않는 신중한 성격을 가진 흑당이 입장에서는 정말 이상해 보였을 거예요.

아이들이 점점 성장하면서 웃음 없이는 볼 수 없는 즐거운 결투도 늘어갔다고요.

백당이가 아기였을 때에는 작고 소소한 장난이 대부분이었어요. 그럴 땐 흑당이도 그루밍을 해주거나 혼내는 척을 하며 대응했죠. 그런데 요즘은 자기보다 무거운 백당이가 장난을 걸면 흑당이도 조금 힘겨운가 봐요. 격하게 장난을 걸어오면 혼쭐을 내주죠. 둘이 심한 장난을 치기라도 하면 온 집안이 난장판이 되기도 해요.

캣닢을 주는 날엔 큰 각오를 해야 해요. 흑당이가 캣닢을 굉장히 좋아하거든요. 장난감을 차지하기 위해 인정사정 없이 다투죠. 스트레스를 풀기 위해 시작한 놀이 시간이 난장판이 된 후에야 끝나요. 둘이 캣닢을 두고 장난치는 모습을 보면 모습을 보면 털 날리게 살벌하다는 것이 뭔 지 알

수 있을 거예요(웃음).

먼저 장난을 거는 쪽은 아무래도 백당이 쪽 같네요(웃음).

백당이는 흑당이가 편하게 쉬고 있을 때를 골라서 장난을 거는 것 같아요. 자고 있는데 밟고 가기도 하고, 엉덩이로 흑당이의 얼굴을 짓누르기도 하고요. 제가 봐도 흑당이가 화낼 만하더라고요(웃음). 처음에는 흑당이도 화를 내지 않고 자리를 피하는데, 백당이는 그런 형의 뒤를 쫓아가 또 장난을 걸어요. 그럼 혼쭐이 나죠. 한편으로는 놀자는 신호 같기도 하네요.

그런데 장난을 당하는 쪽은 싫은지 흑당이가 장난을 치면 "으으응!"하고 사람처럼 소리를 지르며 짜증을 내요. 제가 다 무안할 정도로요. 그래서 저희 집사들은 백당이를 보고 '내로남불 고양이'라고 놀리기도 한답니다.

서로 투닥투닥 장난을 치며 노는 모습을 보면 저까지 즐거워져요. 둘은 주로 어떤 장난을 하고 노나요?

숨어있다가 놀래키는 장난도 많이 치지만 저는 둘이서 술래잡기를 할 때가 가장 좋아요. 아이들이 안 보인다 싶으면 휙 하고 흰색 물체가 지나가요. 그리고 그 뒤를 따라 갈색 물체가 지나가죠. 제가 보기엔 충분히 잡을 수 있는 속도인데 일부러 잡지 않고 여기저기 뛰어다녀요. 술래잡기를 하는 둘을 보면 역시 형제 묘가 있어 다행이다 싶어요.

그래도 역시 형은 형이고 동생은 동생인가 봐요. 흑당이가 흔쾌히 숨숨집을 양보해 주더라고요.

흑당이가 백당이에게 양보하는 모습을 보고 '역시 형은 다

르구나라고 생각했어요. 간식을 먹다 가도 백당이가 탐내면 자리를 비켜주고, 새 장난감도 늘 백당이가 먼저 쓸 수 있게 양보해 주거든요. 그런데 어느 날 가만 보니 그 모든 것이 다 흑당이의 계획이었다는 걸 깨달았어요. 사실은 혼자만의 시간을 보내려고 백당이에게 뭐든 양보한 거 같더라고요. 양보하고 자리를 피하면 백당이가 더 이상 장난치지 않으니까요. 게다가 양보하는 모습을 보면 기특해서 몰래 간식 하나를 더 주기도 하거든요. 모두 똑똑한 흑당이에게 깜박 속은 거죠.

그래도 백당이는 형이 참 좋은가 봐요. 투닥거려도 늘 '형

아 바라기'네요.
장난도 많고 눈치 없이 굴기도 하지만 백당이는 항상 흑당이 주변을 떠나지 않아요. 흑당이가 집사 껌딱지라면 백당이는 흑당이 껌딱지예요. 특히 흑당이의 옆에서 자는 걸 좋아해요. 어릴 적에는 늘 몸을 딱 붙이고 잤고요. 형이 가는 곳이라면 어디든 따라가고, 야옹 하면 따라서 야옹 하기도 하죠. 그 둘의 모습을 보고 '설탕파'라는 별명을 지어주기도 했어요. 백당이 혼자서는 아무것도 못하지만 형 옆에서는 언제나 당당한 모습이거든요. 백당이에게 흑당이를 믿고 까부는 설탕파 앞잡이라는 직책(?)을 선물하기도 했어요.(웃음).

둘이 함께 있을 때 가장 행복해 보여요. 까맣고 하얀 고양이 둘이 기대어 낮잠 자는 모습을 보면 저까지 뿌듯해져요. 흑당이는 아직도 백당이가 아기인 것 같나 봐요. 관심 없는 척하지만 항상 동생을 지켜봐요. 가끔 백당이가 혼자 울고 있으면 누구보다 빠르게 동생을 찾으러 다녀요. 백당이가 위험한 행동을 하고 있으면 잔소리하듯 큰소리를 내서 그 모습을 발견하기도 하고요. 백당이가 사고를 많이 저지르긴 하지만 흑당이 덕분에 늘 큰 위험 없이 마무리할 수 있어요. 백당이가 왜 늘 형의 곁을 떠나지 않는지 알 것도 같죠?

둘이 나란히 서서 "야옹~" 하면 무엇과도 바꿀 수 없는 달달한 감정을 느끼실 것 같아요.
이런 녀석들이 어떻게 나에게 왔나 싶어요. 제가 낳은 자식처럼 하루하루 신기하고 벅찬 감정이 들어요. 고양이를 반려하지 않았다면, 당당형제를 만나지 않았다면 어쩔 뻔했지 싶기도 해요. 한 편으로는 두 고양이들에게 어떻게 사랑을 나눠야 할지 고민이 들 때도 있어요. 마음 같아서는 둘 다 넘치는 애정을 표현하고 싶지만 다묘 가정 특성상 그러기 힘들 때도 있잖아요. 그래서 더욱 많이 표현하려 합니다. 제가 느끼는 벅찬 감정들을 우리 당당형제도 느낄 수 있도록요.

DUNGEON

ERIC

TAEPYEONG

THE
STUDENTS OF
SOOKMYUNG
UNIVERSITY

CHARMING

HAETSAL

MANDU

JUJU

GURI

FIGHTER

3월의 대학가는 싱그러운 에너지가 넘친다. 코로나의 영향력이 약해
질수록 캠퍼스의 낭만은 산뜻하게 부푼다. 1906년 설립된 우리나라
최초의 민족여성사학 숙명여자대학교도 마찬가지. 화창한 안부 인사
가 여기저기에서 꽃망울처럼 터진다. 지난 겨울, 텅 빈 캠퍼스를 지
킨 '고양이 학우'를 향한 개강 인사도 아지랑이처럼 피어 오른다.

글·사진 숙묘지교 @sookmyojigyo | 그림 영시 | 에디터 박재림

ARGON

BUBA

HELA

물과 물고기의 관계처럼, 관중과 포숙의 우정처럼

'숙묘지교(淑猫之交)'는 숙명여대에서 살아가는 고양이를 보살피는 동아리다. 범상치 않은 이름의 유래는 두 가지 사자성어에서 비롯되었다고. 물과 물고기의 사이처럼 서로 떨어질 수 없는 사이를 의미하는 '수어지교(水魚之交)', 그리고 관중과 포숙의 관계처럼 변치 않는 우정을 뜻하는 '관포지교(管鮑之交)' 말이다. 여기에 숙명여대의 '숙'과 고양이 '묘(猫)'를 집어넣어 숙명여대와 고양이의 특별한 이음새가 되겠다는 의지를 담았다.

김민서 현 숙묘지교 회장은 동아리 주요 활동을 소개하며 "캠퍼스 내 고양이 급식소 운영, 고양이들의 병원 치료 및 중성화를 책임지고 있다"며 "또 길고양이 인식 개선 캠페인과 기부금 모금을 위해 관련 굿즈를 제작하고 판매한다. 부스(booth) 운영과 카드뉴스 제작 및 배포 역시 그 일환"이라고 밝혔다.

2023년도 1학기 현재 숙명여대에서 지내는 고양이의 수는 총 열둘. 이들 '숙냥이'를 보살피는 숙묘지교 회원은 40명 내외로, 이중 2/3가 반려인이라 고양이에 관한 이해도가 매우 높은 편이다. 대학 입학 전부터 고양이를 반려했다는 함시은 회원은 "우리 집 고양이도 길고양이 출신이라 관련 동아리에서 활동하고 싶었다. 신입회원 모집 시기가 되자마자 가입했다"며 웃었다.

재학생보다 더 성실히 등교… 숙냥이에게 학생증을

교내 고양이를 돌보는 동아리가 존재하는 학교는 숙명여대 말고도 많다. 그럼에도 mellow가 숙묘지교를 찾은 것은 바로 '유서 깊은' 학생증 때문. 2017년 9월 탄생한 숙묘지교는 이듬해 1학기부터 숙냥이들을 위한 학생증을 제작해왔다. 사진과 이름, 전공학과 등 기본 프로필은 물론, 주로 생활하는 영역과 외모의 특징 등 일반(?) 학생증에선 볼 수 없는 세세한 정보도 기재되어 있다.

고양이를 위한 학생증은 어떤 계기로 탄생하게 되었을까. 숙묘지교의 '창단 멤버'인 졸업생 김소정 전 회장은 "동아리 회원 간 우스갯소리에서 우연히 떠오른 아이디어"라며 "공강이나 방학이면 학교에 안 나오는 우리 학생들보다 비가 오나 눈이 오나 매일 캠퍼스에서 생활하는 고양이들이 학교를 더 열심히 다니는 것 아니냐며 웃다가 그러면 우리 숙냥이들에게 학생증을 만들어주자는 이야기가 나왔다. 숙냥이도 숙명여대의 구성원이라는 의미를 전할 수도 있고, 당시 생긴 지 얼마 되지 않은 우리 동아리를 홍보하는 데도 도움이 될 것 같았다"고 회상했다.

'화석' 학번은 태평이… '과탑'은 던전이

숙냥이 학생증의 기본이 되는 이름과 전공학과명은 고양이 각각의 특성을 배경으로 지어진다. 오동통한 꼬리와 눈가의 긴 아이라인이 매력적인 '챠밍'과 햇살처럼 밝아 보이는 인상이 특징인 '햇살이'와 영화 〈토르〉 속 주인공처럼 강해지라는 의미를 담은 '헬라(다른 학우들로부터 '방울이'라고도 불림)'와 얼굴형이 만두를 닮은 '만두'는 야생고양이답게 몸을 잘 숨겨서 은신매복학과에 재학 중이다.

입 주변이 주황색인 '주주(주황색 주둥이)'는 츄르생산학과인데 특이하게도 학생이 아닌 교수님이다. 비교적 오래 전부터 숙명여대에서 지냈고 여유로운 포스와 풍채가 마치 교수님 같아서란다. 같은 학과의 '아르곤'은 숙묘지교 동아리가 탄생하기 전부터 캠퍼스를 누빈, 현재 12마리 고양이 재학생 중 가장 학번이 오래 된 '화석' 선배라고. 이름은 외부 환경에 반응하지 않는 특성을 가진 원소 아르곤(Ar)처럼 안정적인 삶을 살라는 의미가 담겼다.

등 무늬가 마치 다른 고양이 하나를 어부바를 한 듯한 모양이라 '부바'라는 이름을 얻은 숙냥이는 평소 새를 바라보는 걸 좋아해서 조류관찰학을 전공하며, 싸움을 자주 해서 몸에 흉터가 많은 덩치 큰 턱시도 고양이 '파이터'는 영역경영학과 장학생이다. 너구리 같이 생겨서 '구리'라는 이름을 얻은 치즈 고양이는 캔 간식을 좋아해서 참치캔조리학과에서 공부를 한다.

교내 도서관 지하 열람실의 별칭(?) 던전에서 구조된 아기 고양이 '던전이'는 사료와 간식 사냥을 잘해서 사냥학과 과탑이고, 그런 새끼 고양이(아깽이) 던전이와 꼭 붙어 다니는 녀석은 아깽이복지학과생인데 얼굴 무늬가 뮤지컬 〈오페라의 유령〉의 등장인물 가면과 비슷해서 '에릭'이라는 이름으로 불린다.

숙냥이라고 해서 모두 학생증을 받는 건 아니다. 김민서 회장은 "교내에서 새로운 고양이를 발견해도 곧바로 학생증

을 제작하지는 않는다. 저희가 운영하는 급식소를 영역으로 살아가고 중성화가 완료된 고양이들에게 학생증을 수여한다"고 전했다. 한편 열둘 숙냥이들의 학생증은 지난해 숙명여대 축제 '청파제'에서 활용되어 어엿한 학교의 일원이라는 메시지를 전달하기도 했다.

숙묘지교 덕분에… 보금자리 찾은 '졸업생' 숙냥이
숙명여대 교정을 누비다 빛나는 졸업장을 받은 숙냥이도 있다. 새끼 고양이 시절부터 교내와 학교 주변 청파동을 오가며 지낸 '나무'가 주인공. 숙명여대 놀이학과생이기도 했던 나무는 사람을 유독 좋아해서 교내에서 큰 사랑을 받는 녀석이었는데 2020년 3월 학교 근처에서 오토바이 교통사고를 당했다. 출혈이 심한 채로 병원으로 옮겨졌는데 두 개골 곳곳이 골절된 상태였다. 숙묘지교의 모금 활동에 학우 316명이 참여하며 약 500만원 치료비가 마련됐고 나무는 골절 치료와 치아 발치 수술을 받은 뒤 건강을 회복하고 퇴원했다. 애초에 사람의 손을 많이 타기도 했고 사고 이후에도 사람을 좋아하는 나무였기에 숙묘지교는 학교로 방사를 하는 대신 집고양이로 지낼 곳을 찾았다. 임시보호와 SNS 입양홍보 끝에 2021년 4월 영원한 집사를 찾았고 '졸업'을 할 수 있었다.
은신매복학과생 헬라의 새끼 고양이 두 마리도 집고양이가 됐다. 태어나자마자부터 건강 상태가 좋지 않아서 병원 치료를 받은 '헬리'와 '헬린'은 어미의 보살핌을 받기 어려운 상황에서 자연에서 지내기 어렵다고 숙묘지교는 판단했다. 임시보호에 이어 입양처를 찾으며 헬리와 헬린이 모두 '조기졸업'을 할 수 있었다. 숙명여대 진리관에서 구조된 새끼 고양이 '진리' 역시 숙묘지교의 힘으로 보금자리를 찾아 졸업을 했다.

김민서 회장은 "숙냥이 중 너무 어리거나 건강 상태가 좋지 않아서 자연에서 생활하기 어려운 고양이나 사람을 잘 따르고 순화 가능성이 있는 고양이들을 대상으로 입양홍보를 진행한 것"이라며 "마음 같아서는 모든 숙냥이를 다 돕고 싶지만 학생 동아리다 보니 한계가 있어 안타까운 마음"이라고 전했다.

봄은 우리의 계절… 숙냥이 관심 더 커지길

숙묘지교는 방학 때 계절학기를 듣는 게 아니어도 주기적으로 학교를 찾는다. 고양이들을 챙기기 위해서다. 최민정 회원은 "보통 학교 근처에서 자취하는 부원들이 숙냥이 밥을 챙긴다. 때론 조금 귀찮기도 하지만, 고양이들이 깨끗하게 비운 밥그릇을 볼 때마다 뿌듯해진다"며 "겨울은 길고양이에게 특히 힘든 계절이다. 물도 잘 얼고 추운 날씨에 동사하는 고양이도 생긴다. 이렇게 봄이 오면 혹독한 겨울을 잘 버틴 숙냥이들이 대견스럽다. 우리 숙묘지교도 자부심

을 느끼게 된다"고 말했다.

김민서 회장은 "사소하게 느껴질 수도 있지만, 밥을 줄 때 고양이들이 옆에 와서 얌전히 기다리고 있는 모습을 보면 숙묘지교에 들어오길 잘했다는 생각이 든다. 우리를 알아보는 것 같아 괜히 뿌듯하다"며 "앞으로도 지금처럼 우리 숙냥이를 잘 돌보는 것이 목표다. 고양이들을 챙기는 것은 물론이고, 더 많은 숙명인들이 숙냥이를 비롯한 길고양이에게 관심을 가질 수 있도록 카드뉴스 업로드, 캠페인, 부스 운영 등 다양한 활동을 이어갈 계획"이라고 밝혔다.

2017년 여름, 교내에서 다친 채로 발견된 고양이 '숙명이'를 구조하고 치료한 것을 계기로 탄생한 숙묘지교. 동아리의 시작을 함께한 김소정 전 회장은 "혼자서는 할 수 없는 일이라 마음 맞는 사람들이 모여 동아리가 만들어졌는데, 제가 졸업한 이후에도 숙묘지교 활동이 잘 이어져 기쁘다"고 전했다.

Let's Enjoy
Spring Campus

KIKI, LET'S DELIVER THE JOY

글·사진 백주현 @_z.zzi | 에디터 최진영 | 그림 최형윤

**키키,
기쁨을 배달하러 가지 않을래?**

평화로운 항구 마을에 꼬마 마녀와 검은 고양이가 나타
났다. 빗자루를 타고 하늘을 나는 그들의 등장에 마을 주
민들은 왁자지껄해진다. 도플갱어 고양이 '지지'의 집에
서도 만화영화 같은 일상이 상영되고 있다. 빗자루 대신
집사의 어깨 위에 올라타고, "야옹!" 하며 집사와 만담을
나누는 까만 고양이 지지. 붉은 빛깔 노을이 지는 아름다
운 항구 마을처럼, 골골송이 울려 퍼지는 아담한 집에는
영화 같은 순간이 가득하다.

만화 캐릭터와 똑 닮은 모습에 제 두 눈을 의심했어요. 〈마녀 배달부 키키〉 속 주인공 키키의 친구인 검은 고양이 '지지'가 현실 세계로 나온 줄 알았거든요(웃음).

지지는 올해 3살이 된 검은 고양이에요. 발바닥까지 새까맣지만 영롱한 초록색 눈동자를 가진 엉뚱하고도 사랑스러운 고양이죠. 이야기하신 것처럼 지지의 이름은 지브리 애니메이션 〈마녀 배달부 키키〉 속 고양이의 이름에서 따왔어요. 지지를 처음 보았을 때 바로 그 캐릭터가 떠오를 만큼 똑 닮았다고 생각했거든요. 가끔 영화를 보지 않으신 분들이 "지지가 묻어서 지지인가요?"라고 물어보시기도 해요. 까만 털이 때가 탄 것처럼 보이나 봐요. 또, 바닥에 떨어진 지저분한 음식을 자주 주워 먹어서 지지냐 물어보기도 하시고요(웃음). 하지만 저의 고양이와 똑 닮은 만화 캐릭터 지지의 이름에서 영감을 얻게 되었답니다.

그렇게 '만찢묘' 지지가 탄생하게 되었군요! 이름도, 외모도 똑 닮은 둘이에요. 성격도 비슷한 점이 많다고 들었어요. 둘 다 엄청난 장난꾸러기라던데요?

지지는 숨소리가 조금만 크게 들려도 화들짝 놀라는 겁쟁이 고양이에요. 슬쩍 쓰다듬기만 해도 깜짝 놀라서 눈치를 본 적이 한두 번이 아니죠. 하지만 만화 캐릭터처럼 호기심이 많기도 해요. 아직 뭘 떨어트려 부순 적이 없는 게 감사할 정도로 호기심이 넘쳐요. 아침부터 저녁까지 하루종일 집 안을 탐험해요. 몰래 숨어있다가 저를 놀래키기도 하고, 지나가는 사람 앞으로 뛰어다니며 다리를 걸기도 하고요. 집 안을 활보하면서 혼자만의 모험을 즐긴답니다.

영화 〈마녀 배달부 키키〉 속 키키는 어느 날 문득 마녀 수련을 떠나야겠다 생각하고 집을 나서요. 키키의 친구 지지도 함께 모험을 떠나죠. 그렇게 둘은 생전 처음 만나는 마을 주민들과 마주하게 됩니다. 보호자님과 지지가 처음 만나게 된 계기도 궁금하네요. 만화 속 둘이 그랬던 것처럼 낯설고, 어색한 것 투성이었을 거 같아요(웃음).

1년 전 지지를 처음 만나게 되었어요. 얼굴을 마주하자 마자 '아! 이 고양이는 순둥이구나'라고 생각했어요. 조용히 앉아 호기심과 두려움이 섞인 초롱초롱한 눈빛으로 저를 쳐다보았거든요. 당시 지지는 이미 성묘였어요. 이전에 반려하시던 분이 사정이 생겨 제가 지지를 반려하게 된 거였거든요. 혹시 아이가 어색해하거나 스트레스 받진 않을까 많이 걱정했어요. 그런데 저만 그런 걱정을 했나봐요. 첫 날부터 온 집안을 탐색하더니 적응을 마친 건지 여기 저기 뛰어다니더라고요! 바닥에 철퍼덕 누워 뒹굴뒹굴하는 모습을 보니 괜한 걱정이었구나 싶었어요. 심지어 첫 날부터 제 어깨를 타고 올라오기도 하고, 팔베개를 하고 같이 자기도 했죠.

정착하게 된 마을에서 둘은 즐거운 일상을 보낸답니다. 새로운 경험을 하기도 하고, 유쾌한 에피소드가 생기기도 해요. 보호자님과 지지가 즐거운 일상을 함께하는 것처럼요!

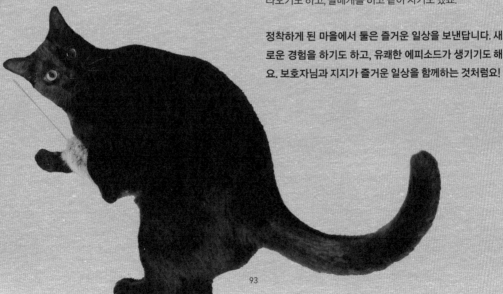

지지와 함께하면 웃음이 끊이질 않아요. 만화를 볼 때처럼 항상 입가에 웃음이 가득해요. 지지는 제 어깨 위에 올라가 있는 걸 좋아하는데요. 졸졸 저를 따라다니다 걸어 다니는 것마저 귀찮아지면 어깨 위로 올라타 집 안을 누벼요. 그 모습을 보면 키키의 어깨 위에 앉아 빗자루를 타는 만화 속 고양이의 모습이 생각나 웃음이 난답니다. 문제가 있다면 자려고 누워있을 때에도 올라온다는 거예요. 제 몸 위로 올라와 목을 두 발로 꾹 누르기도 하죠. 목을 베고 잠을 자려고 드러눕기도 하고요. 고양이가 목 위로 올라오면 되게 무거워요. 숨이 잘 안 쉬어지기도 하고요. 그래서 한때는 올라오지 못하게 하기도 했어요. 말을 듣진 않지만요. 요즘도 지지는 제 어깨 위에서 많은 시간을 보낸답니다. 한 가지 부탁이 있다면 양치할 때나 청소할 때는 좀 내려와 주었으면 해요. 너무 무겁거든요.

또 지지는 문이 닫혀 있는 걸 가만두지 못해요. 호기심이 많아서 무조건 방문이 열려 있어야 하죠. 방 안에서 무슨 일이 일어나는지 엄청 궁금해하기도 하고요. 한 번은 현관문이 닫혀 있는 게 마음에 들지 않았는지 모두 외출한 사이에 현관문 걸쇠를 잠근 적도 있었어요. 집으로 돌아와 문을 열려고 하니 걸쇠가 걸려 있어 문이 열리지 않는 거예요! 지지는 그 와중에도 좁은 틈새로 나오려 하고요. 난리도 아니었죠. 결국엔 걸쇠를 뜯어내는 수밖에 없었답니다. 겨우 집에 들어갔는데 지지는 자기가 잘못한 것도 모르고 당당하게 쓰다듬어 달라고 비비적거리너라고요(웃음). 이제는 웃고 넘길 수 있는 에피소드가 되었지만 당시에는 정말 당황스러웠던 기억이 나네요.

영화 속 둘은 서로의 유일한 가족이자 친구가 되어 많은 시간을 함께하죠. 이처럼 보호자님과 지지도 일상을 함께하면서 더욱 돈독해졌을 것 같아요. 요즘 지지는 늘 주인공의 곁을 지키는 고양이처럼 의젓해 보이기도 하고요.

맞아요. 요즘 지지는 제법 의젓해졌답니다. 아직도 제 꽁무니를 쫄래쫄래 따라다니기는 하지만요. 이전에는 저만 졸졸 쫓아다니고, 누군가 방문하면 세탁기 위로 도망쳤거든요. 요즘엔 현관 벨 소리가 울리면 현관 앞까지 달려가 누가 왔나 확인해요. 마치 자기가 집 주인이 되어 손님을 맞이하는 것처럼요. 많이 의젓해지긴 했지만 아직은 장난꾸러기 같아요.

똑같은 이름 때문일까요? 영화 속 두 주인공과 보호자님과 지지 모두 유쾌하고 행복한 일상을 보내는 것 같아요. 등장인물들에게 동질감과 애정을 느끼기도 할 것 같고요.

지지를 반려하기 이전에도 〈마녀 배달부 키키〉라는 영화를 많이 좋아했어요. 여러 번 돌려 보기도 했고요. 키키의 성장도 아름다웠지만 역시 저는 지지를 보는 것이 더욱 즐거웠던 거 같아요. 말하는 고양이는 집사들에겐 로망이기도 하니까요(웃음). 지지는 키키의 말을 잘 따라 주는 것 같다가도 새침하게 대답해요. 그 모습이 저와 지지를 보는 것 같기도 합니다. 지지는 항상 저의 말에 "야옹!"하고 대답하거든요. 또 지지는 보지 않는 척하면서 저의 모든 행동을 지켜보곤 하는데요. 그 눈길이 느껴지면 항상 키키의 곁을 떠나지 않는 지지가 생각나기도 해요. 지지와 함께하는 순간엔 '만화 영화 속에 들어가 있는 건가'라는 생각이 들 정도로 큰 행복을 느낀답니다.

Kiki

Let's deliver the joy

지지는 키키의 성장 과정을 함께하며 가족이자 친구가 되어주
는데요. 그 과정 속에서 지지는 키키에게 뜻깊은 선물을 하기
도 해요. 바로 '자신'을 발견할 수 있도록 도와주죠. 보호자님도
지지를 통해 많은 선물을 받고 계신 것 같아요.

영화 속 키키는 성장통을 겪어요. 그럴 때면 지지는 항상 키키
의 곁에서 그를 살피죠. 가끔 저도 혼자 우울해질 때가 있는데
요. 그럴 때마다 지지는 다리 위에 올라와서 저를 쳐다봐요. 그
렇게 곁에 있는 아이를 만져주다가 제가 아예 몸을 뒤로해 누
워 버리면 지지도 제 몸을 타고 올라와 어깨를 베고 발라당 누
워요. 그리고 골골송을 부르며 위로해주죠. 고양이의 골골송은
긴장을 풀어주는 효과가 있대요. 그래서인지 편안하게 누워 고
롱고롱 소리를 듣고 있으면 기분이 금세 나아져요. 영화 속 두
주인공처럼 저희는 항상 함께하며 서로를 지켜주고 있어요.

Tonight, i'll FinD YOU CoCo

Tonight,
I'll Find You.
Coco

코코 미스터리

'이름'을 주제로 이번 호를 준비하며 많은 아이들의 이름을 살펴보았다. 그런데 왜일까? 유독 코코라는 이름이 자꾸만 눈앞에 아른거린다. 정신을 가다듬고 다시 조사에 임하던 중 또 다른 코코를 발견했다. 싸-한 느낌이 사무실을 휘감는다. 통계자료를 보면 볼수록 코코를 향한 의구심은 더욱 더해만 갔다. 그 의구심은 꼬리에 꼬리를 물고 커져, 결국 반려동물 이름 통계 자료를 찾아보게 됐다. 그리고 의심은 현실이 되어 나타났다. 동물등록정보를 기준으로 강아지, 고양이 둘 다 '코코'라는 이름이 1위를 차지하고 있다. 대체 코코가 뭐길래?

에디터 박조은, 최진영

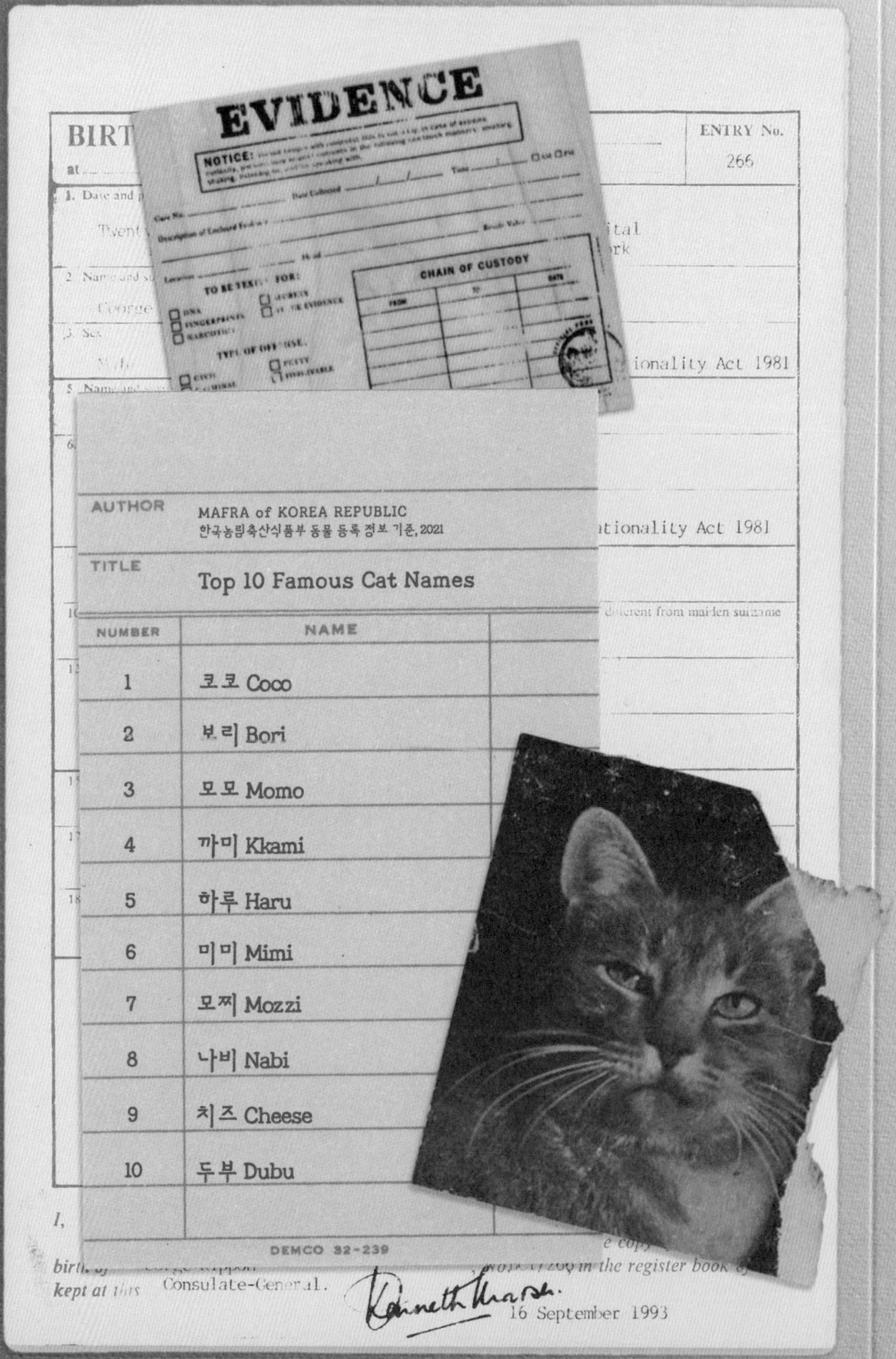

BIRT...

at _____

1. Date and p...

Twent...   ...ital ...ork

2. Name and s...

George...

3. Sex

M/...   ...ionality Act 1981

5. Name and...

6....

AUTHOR	MAFRA of KOREA REPUBLIC	...tionality Act 1981
	한국농림축산식품부 동물 등록 정보 기준, 2021	
TITLE	Top 10 Famous Cat Names	...different from maiden surname

NUMBER	NAME	
1	코코 Coco	
2	보리 Bori	
3	모모 Momo	
4	까미 Kkami	
5	하루 Haru	
6	미미 Mimi	
7	모찌 Mozzi	
8	나비 Nabi	
9	치즈 Cheese	
10	두부 Dubu	

DEMCO 32-239

I,

birt...   ...e copy ...os... ...n the register book o...

kept at this   Consulate-General.   16 September 1993

BUILDING TRADES

RATING

DR. BY

CH. BY

ASSIGNMENT

UNIT ⑧

Fig. 1—23

순간 잊고 있던 기억들이 하나 둘 떠오르기 시작했다. 어린 시절 나만 보면 맹렬히 짖던 치와와의 이름은 코코였다. 그 모습을 떠올리니 앙칼지게 짖는 소리가 귓가에 들리는 것만 같다. 그러고 보니 노란 무늬가 매력적인, 늘 잠만 자는 이모네 집 고양이의 이름도 코코다. 어제 운동장에서 만난 초코색 푸들의 이름도 코코였지… 우리가 모르는 사이, 우리의 주변은 이미 수많은 코코들에게 점령당한 것이다. 조용하고 은밀하게 코코는 세력을 넓히고 있었다.

경악에 빠진 채 리서치를 계속하던 중, 또 한 가지 사실을 발견했다. 이웃나라 일본에서도 가장 인기있는 반려동물 이름 1위가 '코코'라는 것. 코코는 세력을 넓혀 일본까지 당도해 있었다. 생각지도 못한 상황에 입이 떡 벌어지고 말았다. 혹시 코코라는 이름에 나만 모르는 비밀이 숨겨져 있는 건 아닐까? 코코들이 이 세상을 집어삼키겠다는 원대한 계획을 세우고 있는 건 아닐까? 전 세계 모든 코코들이 한자리에 모여 통성명하는 상상을 해본다. "안녕 나는 코코야" "하이 마이 네임 이즈 코코. 왓츠 유얼 네임?" "와타시와 코코 데스!"

하지만 아직까지 왜 이렇게 많은 반려동물이 코코라는 이름을 가지게 되었는지에 대해서 밝혀진 바가 없다. 멜로우는 이 현상을 '코코 미스터리'라고 명명하고, 동아시아의 수많은 코코와 보호자들을 대신해 미스터리를 풀어 보기로 했다.

THROWN INTO THE SEA

첫번째 단서, 단어가 가진 이미지

우선 외모에서의 연관성을 찾아보았다. 반려동물의 이름은 외모에서 영감을 얻은 경우가 많으니 합리적인 추론일 것이다. 코코라는 이름을 들으면 진한 초코색의 털을 가진 푸들과 까만 수트가 매력적인 턱시도 고양이가 떠오른다. 이렇게 명확한 이미지가 떠오르는 걸 보니 대다수의 코코는 비슷한 외모를 가지고 있을 것만 같다. 가설을 세운 뒤 코코들의 외모를 분석해 보았다. 점박이 강아지, 까만 털을 가진 강아지, 갈색 푸들, 닥스훈트, 보더콜리, 코리안쇼트헤어 고등어, 회색 샴, 까만 고양이, 브리티시쇼트헤어, 코에 점이 있는 아깽이까지. 수많은 색깔과 무늬, 얼굴들이 쏟아져 나온다. 아무래도 이 모든 외모를 포괄하는 단어는 아닌 듯하다.

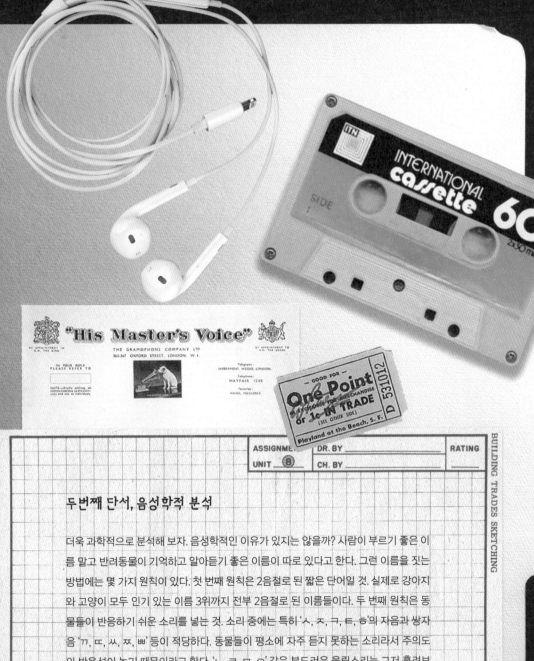

ASSIGNMEN___ DR. BY _____ RATING

UNIT ⑧ CH. BY _____

두번째 단서, 음성학적 분석

더욱 과학적으로 분석해 보자. 음성학적인 이유가 있지는 않을까? 사람이 부르기 좋은 이름 말고 반려동물이 기억하고 알아듣기 좋은 이름이 따로 있다고 한다. 그런 이름을 짓는 방법에는 몇 가지 원칙이 있다. 첫 번째 원칙은 2음절로 된 짧은 단어일 것. 실제로 강아지와 고양이가 모두 인기 있는 이름 3위까지 전부 2음절로 된 이름들이다. 두 번째 원칙은 동물들이 반응하기 쉬운 소리를 넣는 것. 소리 중에는 특히 'ㅅ, ㅈ, ㅋ, ㅌ, ㅎ'의 자음과 쌍자음 'ㄲ, ㄸ, ㅆ, ㅉ, ㅃ' 등이 적당하다. 동물들이 평소에 자주 듣지 못하는 소리라서 주의도와 반응성이 높기 때문이라고 한다. 'ㄴ, ㄹ, ㅁ, ㅇ' 같은 부드러운 울림소리는 그저 흘려보내기 쉽다. 또 양성모음인 'ㅏ, ㅗ' 등이 음성모음인 'ㅓ, ㅜ'보다는 더 밝은 느낌이다. 그러고 보면 코코라는 이름은 이름 짓기 원칙에는 정확히 들어맞는 셈이다. 이렇게 미스터리가 풀리나 싶었지만 놓치고 있던 측면이 고개를 든다. 그렇다면 일본은?

세번째 단서, 외국의 언어

코코가 이름을 펼치고 있는 또 다른 나라, 일본의 언어를 살펴보았다. 일본어로 코코(ここ)는 '여기'라는 뜻이다. 혹은 개개, 하나하나, 한 사람 한 사람이라는 뜻도 가지고 있다고 한다. 아무리 봐도 반려동물의 이름과는 큰 상관이 없어 보인다. 한국과 일본이 아닌 다른 나라의 언어에서 유래된 이름일 수도 있으니 더욱 범위를 넓혀 보기로 한다. 베트남어로 코코(Cò cò)는 사람이 한쪽 발로, 혹은 동물이 다리를 전부 들고 깡충깡충 뛰어다니는 모습을 뜻한다. 반려동물들이 깡충깡충 귀엽게 뛰어다니기는 하지만… 그렇다면 강아지나 고양이보다는 토끼나 고라니의 이름에 더욱 알맞을 듯하다. 프랑스어로 코코(Coco)는 많은 뜻을 가지고 있다. 어린아이들이 하는 말로 '달걀'을 뜻하기도 하고 귀여운 남자아이를 칭하는 말이기도 하다. 나름대로 반려동물 이름과의 연결성이 있어 보인다. 그런데 구어나 멸칭으로는 '별나거나 수상한 놈'을 뜻한다고 한다. 그런 뜻을 가지고 있는 단어는 반려동물의 이름으로 알맞지 않다. 또 다른 유럽 국가 스페인에서는 코코(Coco)에는 무서운 뜻이 있다. 바로 어린아이들에게 공포심을 주는 요괴, 도깨비, 유령이라는 뜻… 점점 외국에서 따온 말은 아닐 것 같다는 생각이 든다.

네번째 단서, 단어의 의미

이번에는 코코라는 단어에 집중해 단어의 뜻을 찾아보았다. 우리가 모르는 깊은 의미가 담겨 있을지도 모른다. 코코라고 조용히 읊조려보니 나도 모르게 리듬감이 섞인다. 살며시 손가락을 들어 코를 톡톡 두드려 본다. 어릴 적 엄마와 함께 하던 '코코코 놀이'가 떠오른다. 아이들의 교감과 인지 발달을 돕는 이 놀이가 우리의 기억에 남아 수많은 코코들을 탄생시킨 걸까? 사랑스러운 반려동물을 보면 꼭 내가 낳은 자식 같기도 하다. 그렇다면 어릴 적 부모님과의 좋은 추억이 코코라는 이름을 만들어 낸 걸까? 몰려오는 어린 시절의 추억을 잠시 접어두고 백과사전을 열어 코코를 찾아보았다.

> **코코**[부사] 어린아이가 다치거나 아팠을 때 아프지 말라고 환부를 입으
> 로 불어주는 소리, 또는 그런 모양.

처음 듣는 소리다. 보통 환부를 '호호' 불어 주지 않나? 주변인들에게 설문을 실시했다. "혹시 어머니가 다친 곳을 '코코' 불어주신 적 있어?" 가당치도 않은 소리라며 몰매를 맞았다. 이번 가설은 상처만 남기고 폐기되었다.

INCIDENT REPORT

TITLE : 코코 베이커리

EDITOR'S SUMMARY

연이어 계속되는 실패에 에디터는 고민에 빠졌다. 생각을 거듭할수록 코코의 덫에
걸린 것만 같은 기분이다. 에디터들을 한 자리에 모아 의견을 나눠 보기도 했지만 의
미 없는 탁상공론만 계속되었다. 코코 샤넬의 준말이다, 코코넛의 준말이다, 혹은 코
리아의 반려동물이라서 코코인가? 온갖 의견이 난무하지만 이렇다 할 결론 없이 사
건은 더욱 미궁 속으로 빠질 뿐이었다. 그렇다. 책상에 앉아서 하는 조사는 이만하면
되었다. 이제는 직접 행동할 때다. 실제 '코코'를 찾아가 이야기를 들으며 숨겨진 진실
을 파헤쳐야겠다.

SUSPECT DESCRIPTION

PROFILE	
NAME	코코
SEX	남성
AGE	6세
SIZE	소형묘
HAIR	치즈태비
EYE COLOR	영롱한 호박색
NICKNAME	크리스마스의 선물
WEAPON	다리 잡고 스트레칭하기, 발 깨물기

MUZZLE	RIGHT FOOT	LEFT FOOT

"친근한 이름이니 오랜 시간
사랑받을 수 있지 않았나 싶어요.
그리고 남녀노소 누구나 쉽게 발음하고
외울 수 있다는 점도 좋고요."

INTERVIEW

DATE : February, 2023. | WEATHER : Cold, Sunny With Pretty Clouds.

저희 코코는 크리스마스의 선물처럼 태어난 고양이에요. 사실 코코는 원래 '리브'라는 이름이었어요. 처음 만났을 때 올리브색 눈에 홀딱 반해 버렸거든요. 'Live'라는 단어와 발음이 같아 오래오래 건강하게 살았으면 하는 마음이 담기기도 했고요. 뜻은 참 좋은데 영 입에 붙지 않더라고요. 그 후 여러 이름을 생각하다가 '코코'라는 이름을 짓게 되었습니다. 명품 브랜드 '코코 샤넬'처럼 아이에게 좋은 것만 해주고 싶은 마음도 담기고, 갈색 빛이 살짝 도는 털 색이 이름과 잘 어울리기도 했죠. 한 음절이 반복되는 쉬운 이름이다 보니 가족 모두 새 이름에 빠르게 적응했어요.

코코를 만나고 나서 제 삶은 완전히 달라졌어요. 그중에서도 가장 큰 변화는 〈코코 베이커리〉를 오픈하게 된 거죠. 처음에는 코코의 귀여움을 나만 알기 아쉬워서 막연하게 카페의 이름을 코코로 지어야겠다고 다짐했어요(웃음). 오픈을 준비하던 중 문득 코코가 전하는 여유롭고 행복한 순간을 많은 분들과 나누고 싶다는 생각이 들었어요. 그렇게 코코 베이커리를 오픈하게 되었습니다. 방문해 주시는 손님분들이 코코는 왜 카페에 없냐 물어보시기도 해요. 아무래도 베이커리 카페이기도 하고, 코코가 영역동물인 고양이다 보니 함께 있기 쉽지 않아요. 코코를 보지 못해 많이 아쉬워하는 분들에겐 코코의 사진을 보여 드려요. 코코의 사진을 보여 드리면, 손님들도 자신의 반려동물을 보여주세요. 반려동물의 이야기를 하며 행복해하는 표정을 보고 있으면 사랑이 전해져서인지 저도 너무 즐거워져요. 코코 덕분에 많은 반려인들을 만나고 다양한 경험을 할 수 있게 되어서 늘 행복해요.

코코를 만난 후부터 동물권에 대해 관심을 갖게 되었고, 그중 가장 크게 다가온 것은 길고양이의 삶이었어요. 코코와 같은 고양이들이 길에서 얼마나 힘난하게 살아가는지 관심이 가더라고요. 그러던 중 카페 근처에서 길고양이 한 마리가 아기를 데리고 다니는 모습을 보게 되었죠. 운명처럼 느껴지더라구요. 그 이후부터 카페 주변에 살고 있는 아이들을 돌보기 시작했죠. 요즘엔 직원들과 같이 길고양이들을 챙기고 있어요. 혼자 길고양이들을 챙기면 벅찼을 것 같은데, 모든 직원들이 힘을 합쳐 길고양이들을 돌보니 그 시간이 소중하고 즐거워요.

코코는 어느 순간 제 전부가 되었어요. 삶의 많은 부분들이 '코코'라는 단어로 이루어져 있거든요. 아침에는 코코의 응석에 잠에서 깨어나고 코코 베이커리로 출근을 해요. 퇴근 후에는 코코와 시간을 보내다 잠이 들고요. 이 정도면 지구가 태양의 주변을 돌 듯, 저의 일상은 코코의 주변을 돌고 있는 것 같아요(웃음). 코코의 곁에서 매일 행복한 일상을 보내고 있는 저처럼, 지구상의 모든 코코와 그의 보호자들이 건강하고 행복하기만 했으면 좋겠어요. 이 세상 모든 코코들아, 사랑해!

SAME

2023 S/S NAME COLLECTION

NAME

멜로우가 처음으로 선보이는 2023 S/S NAME COLLECTION. 시기를 타지 않는 스테디셀러 이름, 주변의 이목을 집중시킬 독특한 이름, 계절감을 표현할 수 있는 이름까지. 아홉 분의 동명이냥 야옹이 디자이너가 소개하는 각자의 콘셉트! 어떤 이름이 우리의 봄을 빛낼까. 3월을 더욱 사랑스럽게 만들, 소피스티케이트하고도 미닝풀한 이름들을 소개한다.

에디터 박재림, 박조은, 최진영

WARM & COLD, HAKI

01.

02.

03.

01.

안녕, 내 이름은 하키야. 원래 길고양이였는데 2014년 겨울, 등교 중이던 우리 집사를 처음 만났지. 집사는 그때부터 나를 챙겨주더니 언젠가부터 "하키야~"하고 부르기 시작했어. 처음에는 의미도 모르고 그저 집사가 주는 밥을 먹기 바빴지. 그러다 2019년 집사네 집으로 들어와 살게 됐고, 그제서야 내 이름의 이유를 알게 됐어. 우리가 처음 만난 그 겨울에 소치 동계올림픽이 열렸는데 집사는 아이스하키 종목이 가장 재미있었대. 나의 하얀 털과 전체적인 느낌이랑도 어울려서 붙여준 이름이라고 하더라구.

02.

리허! 무슨 말이냐구? 대만어로 '안녕'이라는 뜻이야. 나는 대만에서 살고 있는 고양이거든. 생후 9개월 아깽이라 잠자는 걸 제일 좋아해. 우리 집사는 내가 집에 오기도 전부터 이름을 결정해뒀대, 하키라고 말이야. 집사가 좋아하는 일본 애니메이션 〈원피스〉에 나오는 단어인데 일본어로 '패기'를 의미한다더라. 내가 수컷이라서 패기 있고 강하게 자라길 바랐대. 그런데 사실 나는 귀요미 스타일이거든. 이젠 집사도 그걸 인정하고 이름값하긴 틀렸다고 포기한 것 같아, 하하.

はき♥

03.

내 이름은 처음에는 '루키'였다고 해. 나를 구조한 집사가 좋아하는 유튜버가 있는데, 그 사람 반려묘 이름이 하루키여서 비슷하게 작명을 한 거지. 그런데 동물병원에 갔더니 루키라는 이름의 고양이가 너무 많아서 진료차트 찾는데 오래 걸리는 거야. 집사가 "흔한 이름은 못 참지" 하면서 하루키에서 가운데 글자를 빼고 부르면서 진짜 내 이름이 생겼어. 어때, 역사가 길지? 우리 집사는 "하~키~~~" 하고 부를 때 왠지 따스한 느낌이 전해져서 좋은 이름이라고 생각한대. 집사가 좋다면 나도 좋아!

HARU, SPRING DAY

01.

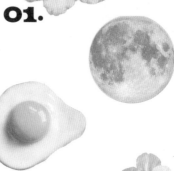

02.

03.

01.

나는 봄에 우리 집사님들을 만났어. 곧 이름을 얻었지. 일본어로 봄을 의미하는 '하루(はる)' 말이야. 내가 '따뜻한 봄에 온 행복'이라면서. 우리 집사님들은 일기를 쓸 때마다 자주 적는 단어가 '하루'라면서 우리가 즐거운 하루, 행복한 하루를 보내길 바란다고 하셨어. 내가 집사님을 만나고 꼭 1년 뒤, 그러니까 다음해 봄 둘째가 왔어. 이름은 '봄'이지. 오늘 하루도 우리 함께 행복하나 봄!

02.

안녕, 5살 하루라고 해. 내가 태어나고 2개월 때 집사가 날 데려왔어. 집사는 이미 이전부터 사진과 영상을 보고 이름을 지어놨어. 당시 집사가 개인적으로 힘든 시기였는데 날 만나고 하루하루 살아갈 힘이 났다더라! 요즘에도 "하루 덕분에 행복한 하루야!"라고 말하곤 해.
내 이름엔 비밀이 하나 있어. 바로 성(姓)이 '또'라는 거야. 집사가 나를 기다릴 때 김광석 가수의 〈서른 즈음에〉를 듣다가 '또 하루 멀어져 간다'는 가사에 너무 감명을 받아서 그랬다는 거야. 너희도 어이없지? 그래도 뭐, 나 또하루는 집사와 하루하루 또 하루하루 즐겁게 살아가고 있어.
참고로 내 동생 이름은 '라이'야. 등에 있는 점이 계란프라이 같아서 붙인 이름이래. 문제 말이야. 라이 앞에 성이 붙으면…?! 이름처럼 라이는 장난꾸러기에 사고도 많이 쳐. 그럼 지금까지 내 이야기를 들어줘서 고마워!

03.

우와, 반가워. 나도 봄을 의미하는 일본어로 불리는 하루라고 해! 2021년 3월 봄에 태어난 고양이거든. 우리 집사님들과는 그해 여름 처음 만나 가족이 되었어. 나는 이름값을 하면서 살아가는 거 같아. 내 빵실한 털과 눈빛이 봄날의 햇살처럼 포근하다고 집사님들이 자주 얘기하거든. 세상의 많은 하루 중에 내가 가장 자신 있는 건 우리 집사를 향한 사랑이야. 엄마집사 아빠집사와 항상 꼭 붙어있고 싶어.

01.

02.

03.

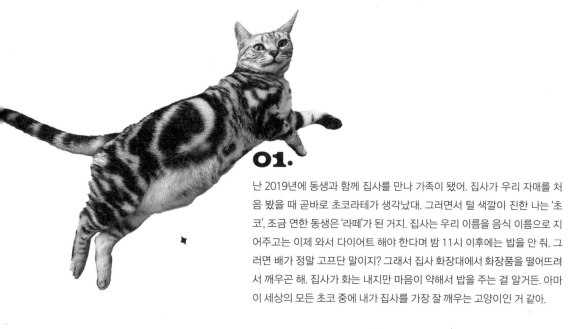

01.

난 2019년에 동생과 함께 집사를 만나 가족이 됐어. 집사가 우리 자매를 처음 봤을 때 곧바로 초코라테가 생각났대. 그러면서 털 색깔이 진한 나는 '초코', 조금 연한 동생은 '라떼'가 된 거지. 집사는 우리 이름을 음식 이름으로 지어주고는 이제 와서 다이어트 해야 한다며 밤 11시 이후에는 밥을 안 줘. 그러면 배가 정말 고프단 말이지? 그래서 집사 화장대에서 화장품을 떨어뜨려서 깨우곤 해. 집사가 화는 내지만 마음이 약해서 밥을 주는 걸 알거든. 아마 이 세상의 모든 초코 중에 내가 집사를 가장 잘 깨우는 고양이인 거 같아.

02.

여러분들처럼 내 이름도 초코야! 러키세븐 일곱 살이고 엄마, 아빠, 그리고 형아 집사와 서울에서 살고 있어. 엄마가 그러는데 내 이름은 그냥 흔한 초코가 아니래! 초코쿠키의 초코가 아니고, 초코우유의 초코야. 뭐가 다르냐고? 잘 들어봐! 초코우유처럼 부드럽고 달콤하고·포근한 이름인 거지. 그래서 내 이름은 세상에서 가장 특별한 것 같아.

실은 어릴 때, 길에서 지낼 때 이름이 여러 개 있었어. 다들 나를 예뻐해서 이름을 지어주고 불러 주었거든. 앞집 아저씨는 작은 것이 깡충깡충 뛰어다닌다고 '나비'라고 불렀고, 윗집 아주머니는 만화책에 나오는 등장인물과 닮았다고 '초파'라고 불렀어. 지금의 엄마 집사는 그때부터 초코라고 불렀지. 그러다가 길고양이 생활을 청산하고 엄마 집사 집에 들어오면서 초코로 쭉 살고 있어.

엄마는 외출할 때 "초코야~ 다녀올게"라고 말하고 돌아올 때도 어김없이 내 이름을 제일 먼저 불러. 그러면 나는 기지개를 켜고 엄마한테 쓱 다가가. 그런데 우리 엄마 집사 이름이 뭐냐고? 그냥 흔한 김 집사야~~!!

03.

난 3살 초코야. 초콜릿을 좋아하는 집사가 붙여준 이름이지. 나는 2019년 우리 집사를 처음 만났는데 내 쌍둥이 동생도 함께였어. 동생의 이름은 '쿠키'인데 집사가 두 번째로 좋아하는 음식이래. 집사랑 나는 항상 붙어있는데, 그럴 때마다 쿠키가 질투가 나는지 우다다 달려와서 끼어들곤 해. 동생이 언제쯤 인정을 할 수 있을까? 우리 집사에겐 초코가 1등, 쿠키가 2등이라는 걸 말야!

내 이름은 고양이 집사의 집사

지난 4년 동안 내 머리 꼭대기에 올라가 나를 조종하는
고양이가 있다. 이름은 집사. 집사는 자신의 이름과는 달
리 주인님 행세를 한다.

성격은 까탈스럽고 예민한 편이다. 입이 짧은가 하면 그도 아닌 것이 무
턱대고 아무거나 먹지는 않지만 좋아하는 사료나 간식은 좀 많이 먹는
걸 보면 그냥 편식하는 고양이인 것 같다. 오뎅 꼬치나 낚싯대는 산 지
하루 만에 질리는 편이라 집사를 움직이게 하려면 나는 볼썽사나운 오
징어가 되어야 한다. 연체동물의 몸짓을 하면서 집사야! 나 좀 봐! 응? 나
좀 봐! 재밌지? 아니라고? 재밌잖아! 재밌다고 해줘. 그렇게 몸을 움직이
다 보면 나도 모르게 조금씩 흥이 나는데 집사는 저 인간이 또 시작이네
하는 표정으로 바라본다. 흠⋯. 기분 탓일 것이다.

4년 전 어느 날 고양이 커뮤니티에서 글 하나를 발견했다. 그 글을 읽은
건 우연이었지만 나는 지금도 그 글을 읽은 순간이 우연이 아니었다고
생각한다. 고양이와 살지도 않으면서 고양이 커뮤니티를 뻔질나게 드나
든 것만 봐도 나는 집사의 집사가 될 운명이었다고 생각한다. 집에서 기
르던 고양이가 새끼를 다섯 마리나 낳았는데 도저히 감당이 안 되니 데
려다 키울 사람은 연락을 달라는 글과 함께 올라온 고양이 가족의 사진
이었다. 그동안 고양이 사진을 한두 번 본 것도 아닌데 나는 홀린 듯 캡
처를 해 딸에게 전송하고 문자를 보냈다. "지금 얘네 중 한 마리를 데리
러 갈 거야." 고양이를 데리러 가는 길에 고양이에게 필요한 것들을 사서
뒷좌석에 실었다. 그야말로 일사천리였다. 그렇게 도착한 집에 사는 남
자는 나를 어리둥절하게 만들었다. 고양이를 좋아하는 사람일 거라고
예상했지만 집안의 상황은 달랐다. 고양이와 함께 산다고 해서 고양이
에게 우호적인 건 아니라는 걸 그날 처음으로 알게 됐다. 앙증맞은 네 발
에 하얀 양말을 신고 유난히 눈이 동그랗고 분홍 코를 가진 고양이를 살
며시 안아 들었다. 운명이었다.

글·사진 김설 @boracat.kimseol / 고양이를 좋아하는 소심한 사람. 하지 못한 말을
글로 씁니다. 『오늘도 나는 너의 눈치를 살핀다』『사생활들』 저자.

보송보송한 털에 둘러싸여 있었지만, 손바닥보다 작은 몸집은 깃털처럼 가벼웠다. 담요로 감싸 안았더니 당장이라도 부러질 것 같은 가느다란 뼈가 느껴졌다. 눈을 자세히 들여다보고 깜짝 놀랐다. 파란색과 옅은 초록색이 섞인 듯한 아름다운 색깔이었다. 지중해를 가보지 않았지만, 지중해의 바다색이 이럴까 싶었다. 그 신비한 푸른색 안에 박힌 보석 같은 까만 눈동자. 고양이는 집으로 오는 차 안에서 가느다란 목소리로 끈질기게 울어댔다. 당신이 뭔데 나를 데려가냐는 항변 같아서 마음이 편하지 않았다. 엄마랑 억지로 떨어져야 하는 게 억울해서 이렇게 우는 건가? 덩달아 울고 싶었다. 아직은 이름이 없는 고양이를 계속해서 달랬다. 미안해. 울지마. 집에 도착하면 괜찮아질 거야. 고양아. 나랑 잘 지내보자 제발 고양아. 그제야 내가 정말 고양이 집사가 되었다는 게 실감이 났다.

나는 춘자와 말숙이 같은 친근하면서도 약간은 촌스러운 이름이 마음에 들었다. 진주나 하루처럼 귀여운 이름도 나쁘지 않고 고양, 랑이, 호랑, 나비, 냥맨, 네코처럼 직관적인 이름도 좋았다. 유리, 향단이, 춘향이 같은 친숙한 사람 이름을 붙이면 정말 한식구가 되는 것 같은 기분이 들어서 좋고 코코, 밍키, 짱가, 아톰 같은 만화 주인공 이름도 생각해봤다. 아니면 뭔가 문학적인 냄새가 풍기는 하루키나

카프카? 좋아하는 음식이나 간식의 이름은 어땠을까? 오레오, 만두, 순무, 라떼, 망고, 유자, 순두부, 슈가, 민트, 초코. 그러나 고양이와 함께 살면서 이름 따위는 중요하지 않다는 것을 알았다. 고양이는 그저 고양이로도 충분히 사랑스러운 존재니까.

집으로 온 날 고양이는 조금 생뚱맞게 집사라는 이름을 갖게 됐다. 암컷과 수컷으로 성별을 구분 짓는 이름이 싫다는 딸아이의 강력한 의지로 집사는 집사가 되었다. 다른 고양이들처럼 귀여우면서도 평범한 이름이 왜 싫은지 이해되지 않았지만 집사야…집사야… 하고 불러보니 입에 착착 붙는 게 나쁘지는 않았다. 그렇게 나와 집사는 서로에게 집사가 되었다. 이후 고양이 이름을 물어보는 사람들에게 집사는 재미를 안겨주는 고양이가 되었다. 동물 병원에서도 고양이 이름이 집사라고요? 하하하…. 집사 어머니 너무 재밌네요?! 인스타 친구들도 집사님 작명 센스가 남다르시네요? 하하하…. 고양이 이름을 어떻게 집사로 지을 생각을 하셨을까요? 그뿐인가. 이 글도 집사의 이름이 집사인 것이 계기가 되어서 쓰게 된 것 아닌가.

고양이 집사와 살면서 나는 자꾸만 고양이가 되고 싶었다. 몸에는 보드라운 털을 두르고 분홍 코로 숨을 쉬며 햇살 아래서 늘어지게

낮잠을 자고 싶고 고양이 집사가 먹는 사료를 먹으며 정말 입에 맞는지 확인하고 싶었다. 토끼 똥 같은 똥을 눌 때 배가 아프지는 않은지, 어쩔 수 없이 파야 하는 먼지 나는 모래가 마음에 드는지, 내가 흔드는 장난감이 얼마나 지루하고 재미없는지, 억지로 헤어진 엄마 생각이 나서 밤에 우는 건 아닌지, 발톱을 깎을 때는 그것마저 마음대로 해버리는 내게 원망은 없는지, 귀여워 죽겠다는 표정을 지을 때는 언제고 뒤도 돌아보지 않고 외출하는 내가 밉지는 않은지. 외로움을 모르는 게 고양이라는 오해를 받으면 얼마나 억울한지 마음에 서러움과 서운함이 쌓이고 쌓였어도 사람에게 얼굴을 비비는 집사를 이해하려면 나는 마땅히 고양이가 되어야 했지만, 그저 고양이 집사의 집사가 될 뿐이었다.

털을 어루만지고 가려운 곳을 긁어주고 목이 마르지는 않은지 살피고 물그릇을 놓아주는 것도 모자라 턱밑까지 물을 떠 대령한다. 미간과 배를 부드럽게 쓰다듬고 행여나 아픈 곳은 없는지 수시로 살핀다. 적당히 어두운 공간을 만들어 주고 좋아하는 박스가 낡으면 재빠르게 새 박스로 바꿔준다. 혼자 있고 싶은 것처럼 보이면 슬그머니 자리를 피해주고. 내 목소리가 너무 시끄럽지는 않은지 염려하며 목소리를 낮추고 발끝으로 걷는다. 아무리 노력해도 나는 고양이가 될 수 없고 그런 사실이 때로는 두렵고 막막하지만 나는 스스로 선택한 집사로서의 삶에 책임을 질 것이다. 내 이름이 집사의 집사이기 때문이다. 내 사랑의 부족함과 어설픔을 자각하고 미안해하면서, 엄청난 병원비를 감당할 일이 생기더라도 그럴 때마다 나의 얄팍함을 실감하게 되더라도 스스로 붙인 집사라는 이름에 맞는 역할을 도맡을 것이다. 그렇게 불리는 이상 앞으로도 고양이 집사의 곁에서 무임금 집사로 살아갈 것이다.

그 순간 이전까지의 혼란은 모두 흩어지고,
단지 '우주'라는 이름만이 내 마음에 남았다.
—조해진 「단순한 진심」 민음사

내가 지은 집, 네가 켜준 빛

소설가의 또 다른 이름은 '작명가' 아닐까. 대부분 작품에서 등장인물들의 이름을 고민하고 붙이니 말이다. 소설가 조해진 역시 2004년 등단 후 스무 해 동안 작품 활동을 하며 수많은 이름을 작명했다. 2019년 출간한 장편 『단순한 진심』에서는 이름을 주요 테마로 이야기를 끌어가기도 했다. 그런 작가가 모시는 두 고양이가 있다. '나무'와 '단심'이 그들. 이름이 갖는 영혼의 무게를 실감하는 소설가로부터 그 이름에 담긴 우주를 들어본다.

작가님 묘연의 시작이 궁금합니다.

안녕하세요, 조해진입니다. 대외적인 정체성은 소설가인데, 집에서는 두 고양이의 집사로 활동 중입니다. 첫째 고양이 이름은 나무. 2011년 6월에 제게 왔죠. 터키시앙고라로 길고 하얀 털을 가졌고 눈동자는 갈색입니다. 수 년 동안 포털사이트의 여러 고양이 카페를 기웃거리며 입양을 고민만 했는데, 어느 날 가정에서 태어난 아깽이를 분양한다는 글과 함께 올라온 사진을 보고 홀린 듯 바로 전화를 했어요.

둘째 고양이 이름은 단심. 2020년 2월에 저와 나무의 가족이 되었죠. 단심은 후배의 매형의 후배, 그러니까 남이라고 할 수 있는 분의 집에서 태어난 믹스냥이에요. 아깽이 때의 흰색에 가까운 갈색 털은 시간이 지날수록 짙어져서 지금은 명백한 갈색 털 고양이로 변신했습니다. 하지만 털 색이 조금 오묘해요. 그러데이션이라고 해야 할까, 몸통의 갈색은 부위마다 농도가 다르고 귀 끝과 발바닥은 초코색에 가까워요. 꼬리는 얼룩말처럼 줄무늬가 있습니다. 아주 신기한 매력이 있죠.

사실 나무와 단심 사이에 임시보호를 하던 길냥이 두 마리가 있었어요. 합사가 잘 되면 영구적으로 입양하려 했는데, 실패했죠. 나무가 잘 받아들이지 못하더라고요. 단순한 거부가 아니라 토하고 병 나고, 아주 심각했죠. 나무의 성향이 외동냥이긴 한데, 또 외로움은 많이 타요. 제가 외출할 때마다 양말을 물고 늘어지곤 했으니까요. 단심은 정말 마지막 합사라고 생각하고 무작정 데려왔어요. 사실 나무와 단심이는 성격이 완전히 반대예요. 나무는 까칠한 듯 순한데 단심이는 순함 속에 한 방이 있죠. 당연히 사이가 좋지는 않아요. 자주 투닥거리고 서로 그루밍을 해준 적은 단 한 번도 없고요. 그래도 지금은 같이 나란히 앉아 사료를 먹기도 하고 약간 거리를 둔 채 잠을 자기도 하니 그걸로 만족합니다. 한 마리가 아니라 두 마리여서 외출할 때 마음도 놓이고요.

12년째 매일 같이 자고 같이 일어나는 나무는 '저를 바닥까지 아는 이 지구상의 유일한 생명체'라고 할 수 있어요. 단심이는 나무만큼 오랜 세월을 같이 하지는 않았으니 저를 바닥까지 안다고는 할 수 없지만 나무처럼 세상 사람들은 잘 모르는 제 모습을 잘 알고 있긴 할 거예요.

글 조해진 @brightbreath2
에디터 박재림

소설가에게 이름은 조금 더 각별한 의미를 가질 것 같습니다. 지난 20년 가까운 시간 동안 여러 등장인물을 빚고 이름을 붙이셨죠. 그 과정이 궁금합니다. 또, 작품이 쌓일수록 소설가의 '이름주머니'는 점점 홀쭉해지는 걸까요?

등단 초기에는 인물에게 좀처럼 이름을 지어주지 않았어요. 이니셜 K, 여자, 남자, 그녀, 김 작가, 이런 식으로 호명하길 더 선호했죠. 이름에서 그 인물의 성향이 쉽게 연상되는 게 저어했던 듯해요. 인물에게 좀더 적극적으로 이름을 지어주게 된 계기는 독자들이 종종 인물에 대한 정보가 부족해서 그 성별조차 혼란스러워하는 걸 알게 된 이후였어요.

지금은 가능한 인물 모두에게 이름을 지어줍니다. 독특한 이름보다는 흔한 이름을 선호해요. 작품 속 이름이 희소하거나 독특하면 아무래도 그 이름 자체에 신경 쓰게 되잖아요. 저는 독자들이 소설을 읽을 때 자연스럽게 그 서사에 스며들기를 바라기 때문에 소설 흐름을 저해할 수 있는 독특성 – 이름뿐 아니라, 가령 인물의 취미 같은 걸 정할 때도 대체로 평범한 것을 찾아보는 편입니다 – 은 피하는 편이에요.

외국인인 경우에는 제가 좋아하는 작품에서 가져올 때가 많아요. 가령 『빛의 호위』에 나오는 가상의 인물 '알마'는 니콜 클라우스의 『사랑의 역사』 속 인물이고 『시간의 거절』에 잠깐 등장하는 '해럴드'는 한야 야나기하라의 『리틀 라이프』에 나오죠.

이름의 의미가 중요한 『단순한 진심』에는 대부분의 인물들 이름이 그 뜻까지 나오지만 '노파'만은 이름이 나오지 않죠. 실재했으나 잊혀가는 기지촌 여성들은 읽는 분들이 저마다의 힘으로 궁금해하고 이름 붙이고 기억해야 한다고 생각했어요.

'이름주머니'라는 표현이 아주 귀여워요. 새 소설을 쓸 때에야 새 이름을 찾기 때문에 주머니는 늘 비슷한 부피로 남아 있는 것 같아요.

말씀처럼 『단순한 진심』에는 작가님의 이름에 관한 생각을 엿볼 수 있는 문장이 많아요. 주변의 여러 여름과 명칭을 곱씹게 되었고 의미가 궁금해졌습니다. 그 중에는 반려한 고양이의 이름들도 있었구요. 고심고심, 의미를 담고 어울리는 이름을 지어준 시간들이 떠오릅니다. 작가님의 반려묘 '나무'와 '단심'의 이름에는 어떤 뜻과 마음을 담으셨나요?

오래 전부터 이름은 참 오묘하다고 생각했어요. 제 이름만 해도 부를 때는 그냥 '해진'이라는 기호일 뿐이지만 그 뜻은 바다의 보배, 그러니까 진주라는 의미를 갖죠. 우리가 태어난 순간 우리의 보호자는 가장 좋은 것만 생각하며 이름을 지어주잖아요. 세상으로부터 받는 첫 번째 선물인 셈이죠.

이름은 집이니까요. 이름은 우리의 정체성이랄지
존재감이 거주하는 집이라고 생각해요.

—조해진 『단순한 진심』민음사

그 이름이 신의에서 빚어졌다는 건 분명했다.
—조해진 『단순한 진실』 민음사

『단순한 진심』의 주인공은 어린 시절 기차역에 유기된 입양인으로, 그 선물의 의미나 의도를 알지 못하기 때문에 더더욱 이름에 절실하게 매달리는 것일 테고요. 소설의 주인공이 '이름은 집'이라는 말에 설득되고 그 한 마디에 기대어 한국에 오는 것은 그만큼 그 선물, 자신이 태어난 순간의 환대와 호의를 확인하고 싶어서라고 생각합니다.

나무는 갈색 눈동자를 보고 직관적으로 그 이름을 떠올렸는데, 나중에야 나무의 생일이 4월 5일이라는 이야기를 전해 듣게 되면서 그 이름이 운명이라고 여기게 됐습니다.

단심이는 바로 이 소설 제목 『단순한 진심』에서 가져온 이름입니다. 사실 단심을 데려올 때 여자 고양이라고 소개를 받았어요. 『단순한 진심』은 저에게 어쩐지 딸 같은 소설이어서 주저 없이 단심이라고 부르게 됐는데, 나중에야, 그러니까 중성화 수술이 다가온 시점에야 단심이가 남자 고양이라는 것을 알게 됐죠. 뭐, 상관은 없어요. 단심이는 이름 그대로 – 좋은 의미에서 – 단순한 것이 가장 큰 매력이니까요.

딸 같은 소설의 제목에서 딴 이름이라니… 감동적이네요. 동시에 어쩐지 나무가 알면 좀 섭섭하겠다 싶기도 하고요.

나무의 별칭이 '기완씨'예요. 나무가 제게 왔던 2011년에 저의 장편소설 『로기완을 만났다』가 출간되어서랍니다. 나무는 올해 12살이어서 종종 할배라고도 불러요. 젊은 할배 정도 될까요? 사실 요즘 나무가 조금 아파요. 하루에 두 번 억지로 약을 먹이고 나면 – 집사들은 알죠, 약 먹이기의 어려움 – 괜히 미안해져서 온갖 애칭, 즉흥적인 애칭으로 부르기도 합니다. 예쁜이, 사랑이, 귀염둥이, 뭐 그런 애칭들이죠.

단심이의 별칭은 따로 없지만, 막내 고양이인 데다 워낙 귀여운 외모를 가져서인지 – 동그란 눈과 코등의 연갈색 털로 귀여움이 최대치로 부각된 외모라고 저는 생각해요 – 저도 모르게 애기야, 라고 부를 때는 있어요. 가만히 있는 나무한테 괜히 시비를 걸 때는 "이 눔의 새키", 뭐 그렇게 부를 때도 있고요.

나무와 단심 말고 이름을 붙여준 고양이가 또 있어요. 저희 집 공동주차장에 하루에 한 번 제가 갖다놓는 사료를 먹으러 오는 길냥이가 있는데, 머리에 검은 핀을 꽂은 것 같은 무늬가 있어서 '피니(핀→피니)'라는 이름을 붙여주긴 했습니다. 그전에는 '루키(얼룩→룩이→루키)'가 있었는데 제 생각에 피니는 루키의 아들이 아닐까 싶어요. 일주일에 한두 번은 마주치기도 하는데, 그때마다 피니야, 하고 혼자 반가워합니다. 피니는 저에게 좀처럼 마음을 열지 않지만요. 세상에, 2년 넘게 밥을 먹였는데도!

어둠이 내리자 조등의 노란 빛이 식당 안으로 번져 들어와 우리의 고요한 테이블을 조심스럽게 에워쌌다. 그 빛은 죽음의 표식이 아니라 오히려 삶의 테두리를 보호하는 얇은 막 같다고 나는 생각했다.

—조해진 『단순한 진심』 민음사

『단순한 진심』 안에서 고양이에 관한 표현이 종종 나와서 그때마다 괜히 반가웠어요. '나는 오래 전 앙리에게 그랬듯 연희의 손바닥에서 새끼 고양이처럼 오래도록 얼굴을 부볐다' 같은 문장들 말이죠. 작가님의 다른 작품 『사물과의 작별』에서는 등장인물의 하나로 고양이가 등장하지요. 전쟁이 나거나 자신이 불치병에 걸리면 고양이를 어떻게 할 것인가에 대한 이런저런 생각이 투영되었다고 하셨고요. 나무, 그리고 단심과 함께하는 반려인으로서 일상과 생각 등이 모티프가 되어 등장한 작품이 또 있을까요?

2022년에 출간한 『우리에게 허락된 미래』는 코로나 시국 때 한 편씩 완성해 간 짧은 소설들로 채워져 있어요. 근미래에 대한 제 나름의 상상력을 담은 소설이죠. 이 소설집에 실린 단편 중에 『가장 큰 행복』이라는 작품은 식량난을 맞은 세상에서 사랑을 택하고 오래 함께 살아온 퀴어 커플이 나오는데, 이 커플이 자식처럼 키우는 고양이가 있어요. 폐비닐하우스 안 프랜차이즈 커피 상표가 붙은 상자에서 발견한 고양이에게 두 인물은 '일리'라는 이름을 붙여주었죠. '일리는 가까스로 침대 위로 올라오더니 그와 나 사이를 파고들었다', '일리의 골골송 때문인지 그가 눈을 떴다', '일리가 그의 무릎 위로 냉큼 올라갔다' 같은 표현들은 아마 단심이를 떠올리며 쓰지 않았나 싶어요.

자신과 자신의 세계를 둘러싼 이름과 그 의미를 찾아 헤매는 『단순한 진심』 속 주인공을 뒤따르다 보니 한 채의 집 앞에 선 듯 했습니다. '선의(善意)로 미장하고 활자라는 벽돌을 쌓아 올린 집' 말이죠. 그리고 막바지 조등(弔燈)에서, 이름이라는 집에는 불빛을 켤 존재가 필요하다는 생각을 하게 되었습니다. 그 이미지가 "자정에서 새벽 4시까지 가장 정신이 맑은 그 시간에 소설을 쓴다"고 말씀하신 작가님과 그 밤을 함께할 야행성의 두 고양이 친구를 떠올리게 했구요.

사실 최근 1~2년 사이 수면 패턴이 좀 바뀌었어요. 잠을 두 번 나눠 자고 있죠. 아무려나 새벽시간에 깨어 있는 건 여전하네요. 나무는 노묘인 데다 요즘 몸이 좀 안 좋아서 자는 시간이고, 대신 단심이는 잤다 깼다 하며 저와 함께 새벽을 보내곤 해요. 종종 우다다도 하지요.

대규모 구조 프로젝트 - 이문냥이
글 이문냥이 프로젝트 @imunnyangi2020 | 사진 김혜진 @imundong.cat | 에디터 박재림

123 FLOWERS BLOOMED AT THE DEMOLITION SITE

꼭 3년 전인 2020년 2월. 서울 동대문구 이문동이 재개발 지역으로 결정됐다. 이윽고 옛 건물들이 차례로 철거되기 시작했다. 포탄을 맞은 양 콘크리트와 벽돌 구조물이 육중한 탄식을 내뿜으며 쓰러지자 희뿌연 먼지가 포연처럼 휘몰아쳐 눈앞을 가렸다. 전쟁터를 방불케 하는 현장, 위험천만한 그곳으로 뛰어드는 사람들이 있었다. 영문도 모른 채 죽어가는 작은 생명들을 구출하겠다는 일념 하나로. 이것은 소멸의 현장에서 지켜낸, 기어코 수수한 꽃잎을 틔운 123송이의 '이름' 이야기다.

철거 현장에서 피어난
123송이 들꽃

이문동 재개발 지역 최후의 주민들

920여 가구가 살던 이문동 동네가 본래 명칭 대신 '재개발 정비사업지구 3-1구역'으로 불리면서 주민들은 하나 둘 짐을 쌌다. 마침내 모든 사람이 각자 터전에서 빠져나오자 철거 공사가 시작됐다. 그런데 아직 그곳을 떠나지 않은 주민이 있었다. 동네 길고양이들이었다. 인간의 언어를 이해할 수 없는 존재이자 영역동물인 그들은 콘크리트 덩어리와 부서진 유리가 폭격하는 그곳을 버릴 수 없었다. 그나마 다행스럽게도 그들의 존재를 인지하는 사람이 몇몇 있었다. 이문동 주민이자 평소 길고양이의 밥을 챙긴 문성실 활동가도 그중 하나였다.

"3-1구역은 재개발 결정 이전부터 150~200마리 길고양이들이 사는 곳이었습니다. 재개발에 수많은 이해관계가 얽혀 있지만 길고양이의 존재는 논외였어요. 지푸라기를 잡는 심정으로 시청이나 구청도 찾아가봤지만 어떤 도움도 받을 수 없었습니다. 사람들만의 땅이 아닌데… 우리보다 훨씬 더 이전부터 이곳에 살아온 생명체들이 허물어져 가는 건물에 깔려 죽게 두면 안 되는데… 유명 동물단체에서 통 덫 하나 빌릴 수 없는 현실. 결국 개인이 나서서 힘을 뭉칠 수밖에 없었습니다. 인근 대학교 – 한국외대, 경희대, 한예종, 고려대, 서울과학기술대 등 – 동물보호동아리 학생들과 동물병원 두 곳에서 도움을 주셨죠. 철거 현장에서 고양이들을 구조한 뒤 새로운 터전을 찾아주자는 〈이문냥이 프로젝트〉의 시작이었습니다."

밤을 꼬박 새며… 140일의 사투

그해 3월 14일부터였다. 재개발 조합의 협조 아래 하루 5~6명 활동가와 봉사자가 재개발 지역으로 들어가 포획

틀로 고양이를 구조한 뒤 동물병원 검진을 거쳐 임시 쉼터 - 3평짜리 컨테이너 - 로 이동시키는 작업. 고양이가 야행성 동물이다 보니 구조는 보통 밤 11시에 시작되어 해가 뜨기 전까지 진행되었다. 초봄의 밤은 쌀쌀함을 넘어섰다. 골목에 모여 종이박스를 깔고 앉아 추위에 떨면서 포획틀 안으로 고양이가 들어가기 기다렸다. 하루 평균 2만보씩 걸으며 고양이들을 구조했고 7월 31일, 마지막 123번째 고양이를 철거 현장에서 구출시켰다. 140일의 사투였다.

"그 기간 동안 건물이 무너지는 끔찍한 장면을 얼마나 많이 봤는지 몰라요. 밤을 꼬박 샌 날도 많고요. 하루에 10마리를 구조하기도 했습니다. 두 명의 대학생이 새벽 6시까지 몸을 바친 덕분이었죠. 날이 갈수록 공사 현장의 소음은 커지고 고양이들은 점점 더 구석으로 숨는 상황에서 구조 소식은 기쁜 일이었습니다. 한 생명을 더 구했다는 사실에 환호성을 터트리곤 했습니다. 우리가 구조할 수 있는 날이 점점 줄어들고 있었기에 더 그랬죠."

123개의 번호, 그리고 이름

구조 즉시 고양이에게 이름을 붙이기 어려운 상황이라 차선책으로 일단 번호를 붙였다. 병원에서 전염병 검사 및 중성화 수술을 마치고 쉼터 - 컨테이너 임시 쉼터는 30마리 밖에 지낼 수 없는 곳이라 이후 더 넓은 쉼터를 구했다 - 에 오면 그제야 이름을 붙여줄 수 있었다. 구조 이전부터 불리던 이름이 있는 고양이는 그대로 사용하고 나머지는 새로 작명을 해야 했다. 활동가와 봉사자 모두가 잠이 부족한 상태에서 밤에는 포획하고 아침이 되면 병원으로 가는 사람, 쉼터에서 아이들을 돌보는 사람으로 나누어 움직이는 상황. 세련된 이름을 고민하는 시간은 사치였다. 들꽃처럼 수수한 이름이 대부분일 수밖에 없었다.

"고양이 이름은 주로 봉사자 학생들이 생김새를 보고 지어준 경우가 많아요. '분홍코'처럼요. 구조 당시 얼굴과 몸에 상처가 얼마나 많은 아이였던지… 치료를 받고 쉼터에서 지내면서 처음엔 회색으로 보인 털이 점차 새하얀 색으로 돌아오자 분홍색 코가 더 도드라졌죠. '옥상이'와 '끄덕이'처럼 구조된 장소와 상황에서 이름을 따오기도 합니다. 끄덕이는 포획틀 안에서 고개를 끄덕끄덕이며 졸더라고요. 매일 건물이 무너지는 곳에서 그동안 얼마나 고단하게 지냈으면 잡힌 줄도 모르고 졸고 있나 싶더군요. 귀여운 이름이지만 짠한 사연이 숨은 이름이죠."

"희망을 담은 이름도 적지 않습니다. 한 쪽 다리를 저는 아이에게 언젠가 힘차게 달리길 바라며 붙여준 이름 '초원이', 구내염으로 고생하는 아이가 부디 행복하게 살길 바라며 작명한 '해피'처럼 말이죠. 워낙 다들 정신이 없다 보니, 협력 동물병원 수의사님이 아이들 이름을 지어 주신 경우가

있습니다. 그렇게 생긴 이름을 각자 케이지에 붙여주었지요."

"남들이 보기엔 비슷비슷한 고양이 같아도 봉사자들과 저에게는 그렇지 않았어요. 그래서 우리에겐 100개가 훌쩍 넘는 고양이 이름을 외우는 게 전혀 힘든 일이 아니었죠. 매일 약을 먹이고, 병원을 다녀오고, 밥을 먹이고… 하루 종일 아이들을 보살피며 이름을 부르게 되고, 자꾸 부르다 보니 자연스럽게 이름이 외워지곤 했어요. 아이들 모두 저마다의 사연이 있고 특징이 있어요. 더 불쌍하고 더 애틋한 아이가 따로 있지 않고, 모두가 특별한 사연의 아이들이거든요. 그러니 이름도 자연스럽게 외워진 게 아닐까 싶어요."

여전히 끝나지 않은 프로젝트

이문동 재개발은 지금도 한창 진행 중이다. 철거 공사를 마친 뒤 3년의 공사로 아파트 등 건물이 올라가고 있다. 지난 2월에는 이곳 아파트 입주자 모집을 앞두고 있다는 뉴스 기사도 나왔다. 고양이 구조 작업 당시의 풍경은 더 이상 찾아보기 어렵다. 하지만 이문냥이 프로젝트는 여전히 이어지고 있다. 당초 고양이 구조와 방사까지 6개월을 잡고 시작한 일로, 구조는 약 4개월 간 123마리 고양이를 끝으로 마무리가 되었다.

문제는 방사였다. 인근 지역까지 재개발 공사가 진행되면서 사실상 다시 자연으로 돌려보낼 공간이 없어진 것이었다. 결국 고양이들의 입양까지 책임을 져야하는 상황. 또 구조 종료 이후로도 재개발 지역 출신 고양이 수십 마리가 발견되어 쉼터로 왔다. 비공식적으로는 150여 마리가 '이문냥이'의 울타리에 들어온 것이다.

"저희가 구조한 123마리 고양이 중 11마리 아이는 하늘의 별이 되었고, 81마리 아이들이 가족을 찾았습니다. 이후에도 이런저런 요청과 사정을 차마 외면할 수 없어 구조한 아이들까지 합치면 약 150마리 중 108마리가 입양이 되었어요. 아이들이 가족을 만나 떠날 때면 처음 구조 때 모습이 떠오르곤 해요. 그리고 그동안의 고생이 씻겨 나가는 듯 큰 보람과 뿌듯함을 느끼죠."

'모찌'라는 아이는 일본인 보호자님이 입양하셨어요. 이름도 딱, 이라며 지금도 그 이름으로 부르시죠. 사실 모찌는 쉼터에서 가장 사나운 고양이였는데 보호자님의 선택을 받고 지금은 가족을 만나 마음을 열고 정말로 말랑말랑한 모찌떡이 되었어요. '송이'와 '코야'처럼 동반 입양이 된 경우도 있습니다. 부부 보호자님들이었는데 처음에는 코야를 입양하기로 하고 친해지기 위해서 쉼터를 자주 찾으셨다가 송이와도 정이 들어서 함께 데려가셨어요. '쭈쭈'와 '초초'도 같은 집으로 입양이 된 친구들입니다."

잊지 못할 이름들… 그럼에도 '개명' 바라는 이유

대부분 반려인은 새로운 고양이를 맞이하면 새로운 이름을 붙여준다. 입양 이전에 불리던 이름이 있더라도 말이다. 묘생의 새로운 시작을 바라기 때문일 것이다. 이문냥이 프로젝트 쉼터에서 입양을 띠니는 고양이들도 대부분 그렇다. 이곳에서 쓰던 이름을 그대로 사용하는 경우는 매우 드물다. 다소 투박하고 단순하긴 해도 정이 든 이름들. 입양 간 친구들의 케이지에서 이름표를 떼어내는 순간의 감정이 궁금했다.

"저에게 '입양'이란 고양이가 가족을 만나고 평생 불릴 '진짜 이름'을 갖는 것'이에요. 이곳 쉼터에서 입양을 하신 분들을 보면 다들 아이들을 오랫동안 생각하고 또 생각하고, 의미를 잔뜩 담아서 귀한 선물을 하듯 아이의 새로운 이름을 지어 오시거든요. 그래서 예전 이름을 사용하지 않으신다고 해도 조금도 섭섭한 적이 없었답니다. 비로소 아이들이 그 이름에 맞는 존재가 된 것 같아서 너무 행복하고 감사할 뿐이에요."

"쉼터의 마스코트이자 고양이들 사이에서 질서를 잡아주는 소장 역할을 한 고양이가 최근 입양을 갔어요. 성격이 너무 태평해서 '태평이'라고 부른 아이였는데 입양을 가면서 '이누'가 되었죠. 가족의 돌림자를 딴 '인우'를 소리나는 대로 붙인 이름이래요. 하루는 지인이 SNS로 이누의 근황 사진을 보면서 "이누 얼굴에서는 태평이가 안 보여요. 그냥 천상 이누예요. 아주 오래 전부터 그 집에 살던 고양이 같아요"라고 하는데 눈물이 핑 돌 정도로 행복하더라구요. 농

담삼아 "태평이 이 배신자!"라고 했지만 100% 농담이었죠 (웃음)."

이문냥이에게 '진짜 이름' 붙여주세요

2023년 3월 14일루 이문냥이 프로젝트는 3주년을 맞는다. 3평짜리 컨테이너 임시 쉼터로는 자리가 턱없이 모자라 3개월 계약으로 구한 쉼터의 계약기간도 계속해서 연장되었다. 지금 이곳에는 35마리 고양이, 그러니까 35송이의 들꽃이 새로운 이름을 지어줄 가족을 기다리고 있다.

찡찡이, 오복이, 레오, 여우, 찰리, 노랑이, 옥상이, 유리, 유키, 스타, 채플린, 기쁨이, 토비, 로키, 두부, 하양이, 초롱이, 범배, 라벨, 수아, 하뚱이, 태백이, 우주, 예슬, 주노, 도토리, 미시, 공주, 태리, 항우, 무파사, 미루, 해피, 뭉크, 또리, 가말이다.

"이름을 지어준다는 건 존재를 선명하게 드러내는 일이라고 생각해요. 사람들은 잊거나 외면하거나 인식하지 못해요. 우리가 살아가는 이곳 세상에 분명히 존재해왔고 존재하고 있는 고양이들을 말이죠. 그런 아이들에게 이름을 지어주고 가족을 찾아주는 건 아이들의 존재를 인정하는 일인 것 같아요. 인정하는 것이 '공존'의 출발이잖아요. 존재를 인정한다면 고양이가 철거 건물의 잔해에 깔려 죽도록 내버려두지 않을테니까요. 이름을 지어준다는 건 한 생명의 삶이 송두리째 바뀌는 일이예요. 지금도 그걸 기다리는 고양이들이 이문냥이 쉼터에 있습니다. 이 아이들에게 진짜 이름을 지어 주실 분들을 간절히 기다리고 있어요."

이름 없는 고양이

길고양이를 향한 우리의 마음은 이름의 형태가 되어 전해진다. 힘들지 않기를, 배고프지 않기를, 건강하게 무럭무럭 자라서 남은 삶을 모두 즐길 수 있기를 바라는 진심은 이름의 되어 고양이에게 닿는다. "나비야" "야옹아" 이름은 달라도 그 속에 담긴 마음이 같기에, 그들은 어떤 이름이든지 상관하지 않고 "야옹" 하고 대답한다.

에디터 최진영 | 그림 마치다 나오코 | **자료제공** 살림 출판사

동네 고양이들은 모두 이름이 있어.

서점 고양이는 씩씩이.

씩씩하고 건강하게 살라고 씩씩이래.

우동가게 고양이는 우동이.

사이좋은 빵집 고양이들은 햇님과 달님이.

글 다케시타 후미코 『이름 없는 고양이』, 살림 출판사 (2020), 옮긴이 고향옥

좋겠다. 나도 이름을 갖고 싶어.

"그럼, 직접 지어보지 그래. 좋아하는 이름으로.
마을을 잘 둘러보면, 고양이 한 마리 이름 정도는
반드시 찾을 수 있을 거야."

마을을 걸어 다니면서 찾아봤어.
간판. 화살표. 자동차. 자전거. 오늘 세일. 주차금지.
아니야, 다 아니야. 마음에 드는 게 하나도 없어.

글 다케시타 후미코 『이름 없는 고양이』, 살림 출판사 (2020), 옮긴이 고향옥

비가 언제까지 오려나.

주룩, 주룩, 주룩. 마음속이 빗소리로 가득해.

글 다케시타 후미코 『이름 없는 고양이』 살림 출판서 (2020) 옮긴이 고향옥

"안녕? 배고프니?

너, 눈이 예쁜 멜론 색이구나."

"가자, 멜론."

글 다케시타 후미코 『이름 없는 고양이』, 살림 출판사 (2020), 옮긴이 고향옥

아. 이제야 알았어.

내가 갖고 싶은 건 이름이 아니었어.

이름을 불러 줄 누군가였어.

여기 평화로운 동네의 골목을 지키는 한 고양이도 이름이 없는 모양
이다. 호기심 많은 고양이는 곳곳을 탐험하며 동네 고양이들의 이름
을 알아본다. 서점에 사는 고양이는 '씩씩이'다. 씩씩하게 살아가라고
집사가 지어준 이름이라 한다. 절에 사는 고양이의 이름은 '보살이'. 덕
을 쌓으며 착하게 살라고 스님이 지어준 이름이다. 동네 고양이들의
이름을 알아갈수록 이름 없는 고양이는 더욱 이름이 갖고 싶어진다.
결국 직접 이름을 찾으러 떠나기로 한다. 하지만 그 여정은 녹록지 않
다. 지금까지 잘 알고 있다고 생각했던 동네가 낯설게 느껴질 지경이
다. "도둑고양이!" "저리 가!"라는 호통이 오늘은 왜인지 더욱 뾰족하
다. 내리는 비에 잠시 벤치 밑에 몸을 숨긴다. 이름 찾기를 포기하려는
찰나 한 소녀가 조심스레 다가온다. 소녀는 고양이의 초록 색 눈을 보
고 '멜론'이라는 이름을 선물한다. 소녀의 눈을 보며 고양이는 드디어
깨닫는다. 자신이 갖고 싶었던 것은 이름이 아니라 이름을 불러줄 가
족이었음을.

길고양이는 우리의 곁에서도 쉽게 찾아볼 수 있다. 집 앞 편의점에도,
풀이 무성한 화단에도, 학교 안 작은 창고에서도. 고양이들은 어디서
든 살아간다. 그들을 볼 때마다 이름을 찾아 거리를 헤매던 멜론이가
떠오른다. 수많은 아이들에게 이름을 지어주지 못한 미안함이 일상
속에서 불쑥불쑥 고개를 든다. 얼마나 추울까, 얼마나 고될까 상상해
보는 것만으로도 마음이 먹먹해진다. 흔쾌히 도움을 주지 못하는 자
신이 답답해지기도 한다. 이런 우리를 대신해 도움을 전하는 이들이
있다. 그들의 지속적인 관심과 사랑 덕분에 고양이들은 따스한 아침
을 맞이한다. 비가 오는 날에는 비를 피할 수 있는 가림막을 준비하고,
더운 여름에는 시원한 물을 준비한다. 고양이들도 그들의 정성을 아
는지 작은 가림막 속에서 잠을 청하고, 간이 물그릇에 담긴 물로 목을
축이며 하루를 보낸다. 그들을 오매불망 기다리고, 다가서면 작은 눈
인사로 맞이해준다. 자신을 부르는 익숙한 목소리에 "야옹" 하며 대답
하는 고양이들. 서로 이름을 부르고 인사를 나누는 시간, 이름 없는 고
양이는 멜론이로 변신한다.

I AM THE CAT
OF THE 'OH' FAMILY

나는 오씨네 고양이로소이다

우리 자매는 10년 넘게 여러 마리 햄스터들과 살아왔다. 생의 주기가 2년이 채 되지 않는 햄
스터와의 잦은 이별에 지쳤던 우리는, 어느 날엔가 고양이와 가족이 되기로 결심했다. 사실
고양이와 살기로 결정하는 데에는 큰 용기와 결심이 필요했다. 10년 넘게 햄스터를 반려하
며 동물들도 모두 각각의 성격과 입맛 그리고 취향을 가지고 있다는 것을 알게 되었기 때문
이다. 생명과 함께 산다는 건, 삶이 결코 우리의 예상대로 흘러가지 않을 수도 있다는 뜻이
다. 고양이들 중에는 굉장히 사나운 성격을 가진 아이도, 평생 사람 손을 타지 않는 아이도
있다는 이야기를 들었다. 어떤 성향의 고양이가 오더라도 평생 책임질 수 있어야 한다고 생
각했다. 그렇게 굳게 결심한 뒤, 길고양이 관련 계정을 관심을 가지고 살펴봤다. 그러던 중
야홍츄르줘(@ya._.hong)라는 계정에서 운명처럼 고양이 한 마리를 만났다. 아이의 이름은
'시루'. 엄마 '버터'와 아빠 '고등어' 사이에서 태어난 치즈 삼남매 중 막내 아이였다.

글·사진 오주영, 오유영 @o.nyaaaaa | **에디터** 박조은

동그란 얼굴과 초롱초롱한 눈빛, 오동통한 몸매에 짧고 통실한 왕발까지. 시루에게 첫눈에 반해버린 두 자매는 망설임 없이 바로 입양을 신청했다. 시루는 우리 집으로 오기로 결정되었고, 그때부터 두 자매의 고민은 시작되었다. 처음에는 기존의 이름이 귀엽기도 하고 그동안 보살펴 주시던 분들도 모두 그 이름으로 기억하고 있으니 시루라는 이름을 그대로 쓸까 생각했다. 그때 김춘수 시인의 〈꽃〉이라는 시가 떠올랐다. '내가 그의 이름을 불러주었을 때 그는 나에게로 와서 꽃이 되었다.' 이름이 가진 힘은 그만큼 위대하다. 그러니 집고양이로 새로운 삶을 살게 될 아이를 위해 새 이름을 지어주는 게 마땅하다는 생각이 들었다.

그리하여 본격적으로 작명에 나섰다. 두 자매 모두 주변에 길고양이를 입양해서 기르는 집사들이 많다. 음식 이름으로 지어야 오래 산다는 말도 들었지만, 음식 이름을 가진 고양이들은 이미 너무 많았다. 처음엔 희소성 있는 이름으로 지어주고 싶다는 욕심이 들어 프랑스어나 스페인어로 된 외국어 이름들을 찾아보았다. 그러던 중 간단하게 부를 수 있는 두세 글자의 이름이 고양이들이 인지하기에 가장 좋다는 조언을 들었다. 자매가 머리를 맞대고 고민한 끝에 결국 '오구' '오짱' 그리고 '오냐'라는 세 개의 후보를 만들어 냈다. 집사들이 오씨 성을 가지고 있으니, 진정한 우리 집의 막내딸이 되라는 의미를 담았다. 아무래도 이름의 주인이 직접 선택하는 게 좋을 것 같아 한 번씩 소리 내어 불러봤다. "오구, 오짱, 오냐!" 그런데 신기하게도 오냐라고 부를 때만 귀를 움직이며 고개를 돌리는 것이 아닌가? 오냐는 그렇게 자신의 이름을 단박에 선택했다.

이름이 정해지고 나서 바로 인스타그램 계정을 만들어 입양 소식을 전했다. 밥과 간식을 챙겨 주셨던 분, 열심히 놀아 주셨던 분, 함께 입양처를 구해 주셨던 분 등 오냐를 도왔던 모두가 찾아왔다. 그리고는 오냐가 가족을 찾은 것을 진심으로 기뻐하며 댓글을 달아 주셨다. 이름에 대해서도 모두들 귀엽고 특이하다고 해 주셔서 기뻤다. 한 번만 들어도 기억에 남아서 좋다고. 적어 주신 응원 글들을 읽으며 아무런 대가 없이 동물을 사랑하는 마음은 정말이지 위대하고 아름답다고 느꼈다. 우리 자매는 오냐를 끝까지 책임지고 더욱 사랑하는 것으로 이 따뜻한 마음을 이어가려고 한다.

오냐는 아직 사람을 경계하는 편이다. 아무래도 개냥이는 아닌 듯하다. 대신 호기심이 왕성하고 배짱도 두둑하다. 처음 집에 오면 며칠 동안 구석에 숨어 나오지 않는 고양이도 있다고 하던데, 오냐는 집에 온 지 십 분 만에 방 안을 탐색하며 다녔다. 그리고 다음 날 바로 온 집안을 휘젓고 돌아다녔다. 식탁에도 올라오고, 싱크대에도 올라가서 집에 혼자 계시던 어머니가 깜짝 놀라 가족 단체 채팅방에 사진을 찍어 올릴 정도였다.

그렇게 만난 아기 고양이가 폭풍같이 성장해 어느덧 6개월차에 접어들었다. 그 사이 그토록 싫어하는 종합백신 접종도 3차까지 마쳤고, 중성화 수술도 앞두고 있다. 이제는 많이 편해졌는지 컴퓨터로 냥플릭스 영상을 틀어주지 않으면 울기도 하고 간식을 먹고 싶다고 조르기도 한다. 낚싯대를 계속 흔들라고 집사의 손을 무심한 듯 시크하게 툭 치기도 한다. 아무래도 자신이 우리 집 서열 1위라고 생각하는 듯하다. 이름처럼 '오냐오냐' 하는 상황이 되어가고 있다. 가족들이 함께 모여 오냐의 이야기를 한다. 고양이의 존재로 인해 우리 가족은 조금 더 끈끈해지고 있다. 집에 아이가 태어난 것과 마찬가지라고 생각한다. 고양이 시루에서 우리 집 막내딸이 된 오냐. 평생 '오냐오냐' 할 테니 앞으로도 계속 발랄하고 건강하기만 하기를.

Hello, I'm Bunny!
I'm Looking
For My Family

바니 ♂ / 2022년 8월생 / 2.5kg / 중성화 완료

"우리 임시 보호자 누나는 제가 토끼 같대요. 폴짝폴짝 뛰는 모습이 너무 귀엽다고요. 양치도 잘 하고 달리기도 잘하는 멋있는 고양이랍니다. 전생에 나라를 구해도 저 같은 고양이 만나기 힘드실 걸요?"

바니는 제 작업실 상가에서 돌보는 길고양이 '야옹이'가 낳은 아이에요. 작년 겨울, 매서운 한파 속에서 야옹이가 낳은 5마리의 아기 고양이들을 작업실로 구조했어요. 어린 아기들이 견디기엔 너무 혹독한 칼바람이 불었거든요. 아이들이 추운 겨울을 잘 버텨내고 새로운 가족을 찾을 수 있을까 걱정이 많이 되었어요. 다행히 바니의 자매들은 모두 따뜻한 집으로 입양을 갈 수 있었죠. 그런데 바니만 아직 가족을 만나지 못했네요. 남매들 중 유일하게 코의 얼룩무늬 색깔이 반 반이라서 '바니'라는 이름을 짓게 되었어요. 까만색 무늬가 있는 핑크 코가 얼마나 귀여운지 몰라요.

바니가 2개월 정도 되었을 무렵이었을까요? 걸어 다니는 자세가 조금 불편한 것 같다고 느껴졌어요. 바로 병원으로 달려가 진료를 받았죠. 의사 선생님께서는 선천적인 다리 근육 문제라 하시더라고요. 만졌을 때도 괜찮고, 심장 문제

노 아닌 듯하니 걱정할 필요는 없다 하셨습니다. 걸을 때 자세히 보아야 알 정도로 뒷다리 한 쪽을 살짝 절지만, 높은 곳으로 점프도 잘 하고 사냥 놀이를 할 때면 누구보다 빠르게 달리기도 해요. 그런 모습을 보면 이름이 정말 잘 어울리는 고양이구나 생각이 들어요. 다리는 조금 불편하지만 어느 누구보다 높게 뛰어오르거든요.

호기심도 많고, 손길을 좋아하는 애교쟁이 고양이에요. 아기 때 엄마에게 교육을 잘 받았는지 새로운 사람이 보이면 경계를 하다 가도 천천히 다가가면 마음을 풀고 인사를 나눠요. 처음 집으로 왔을 때에도 밥도 잘 먹고, 화장실도 잘 가리는 적응력을 보여 주었죠. 그런데 굳이 저의 곁으로 다가오진 않더라고요. 조금 낯을 가리나 싶었어요. 그래서 일부러 거리를 두고 장난감으로 놀아주었어요. 3일째 되던 날에 부엌 높은 곳으로 올라가서 아이를 내리기 위해 들어 올렸더니 손길이 닿자마자 골골거렸어요. 그때부터 바니와의 밀착 스킨십이 시작되었습니다. 이제는 상상할 수 없을 정도로 깊은 교감을 나눠요. 아침이 오면 저를 깨워 주고, 밤이 오면 같이 자려고 침대로 올라와요. 제가 무얼 하

사지 말고 입양하세요

든 늘 지켜보기도 하고요. 제 친구들이 가끔씩 집으로 놀러 오면 잠깐 숨는 듯하다가 곧잘 나와 어울려 놀아요. 이런 고양이가 또 있을까 싶을 정도로 착한 성격이에요(웃음). 빗질을 해주면 골골송을 부르기 바빠요. 얼마나 성격이 좋은지 접종 주사를 맞을 때에도 큰소리 한 번 내지 않았어요. 그 모습을 보고 의사 선생님이 성격이 정말 좋다고 칭찬을 하시기도 했어요. 요즘엔 열심히 양치 연습을 하고 있답니다. 간식을 좋아하는 아이라서 연습이 그렇게 어렵지 않아요. 입양을 갈 때 쯤엔 양치도 잘 하는 착하고 멋있는 고양이가 되어 있을 것 같네요.

바니는 성격도 착하고 적응력도 좋은 아이에요. 어떤 가족

을 만나더라도 잘 적응할 수 있을 것이라 생각해요. 충분한 시간을 주시고 천천히 다가가 주세요. 한 발짝 두 발짝 다가선다면 바니는 그 자리에서 기다리고 있을 거예요. 한 가지 바라는 것이 있다면 매일 사냥 놀이를 할 수 있는 에너지 넘치는 분이 입양해 주셨으면 해요. 사냥 놀이를 정말 좋아하거든요. 점프 실력을 실제로 보신다면 "참 토끼 같군"이라는 말이 저절로 나오실 걸요(웃음)? 같이 놀고 웃으며 일상을 보내다 보면 바니는 어느새 가족이 되어 있을 거예요.

글·사진 안소현 @workroomcat @giveme.carrot | **에디터** 최진영

사지 말고 입양하세요

Hello, I'm Dalbi!
I'm Looking
For My Family

달비 우 / 2022년 가을생 추정 / 2kg / 1차 접종 완료

"안녕! 나는 달비라옹. 아직 몇 개월 밖에 살지 않았지만 이 세상은 재있는 게 너무 많아. 맛있는 것도 많으니 하루하루가 너무 즐겁다 냥. 이제 곧 접종을 모두 마치면 더욱 행복해지겠지? 내 앙큼 상큼한 매력에 어디 한 번 빠져볼래냥?"

달비는 지난해 12월 구조된 아이예요. 당시 저는 달비의 구조를 지원한 보호소에서 봉사 활동을 하고 있었어요. 봉사를 하며 임시 보호에 대해 듣게 되었는데 정말 뜻깊은 일이더라고요. 그렇게 임시 보호에 관심이 가던 찰나에 도움이 필요한 아이가 있다는 소식을 듣게 되었죠. 사실 동물을 반려한 경험이 없어 주저하기도 하고 걱정도 많았어요. 하지만 나와 함께 있는 동안만이라도 평안한 일상을 만들어줄 수 있다면 의미 있는 일이라는 생각이 들더라고요. 그렇게 임시 보호를 결심하게 되었습니다. 걱정 반 기대 반, 복잡한 심정으로 달비를 처음 만나게 되었어요. 우려했던 것과 다르게 아이와 빠르게 친해질 수 있었어요. 유쾌한 성격의 달비가 한몫을 한 거죠. 낯가림도 없는지 첫날부터 집을 여기저기 탐험했어요. 머리를 콕 부딪히며 애교를 부리

기도 했고요. 초보 임보자에게 딱 맞는 넉살 좋은 고양이가 나타난 거예요(웃음).

아이를 보고 '달비'라는 이름을 짓게 되었어요. 달비의 털이 마치 달빛처럼 반짝거렸거든요. 달의 모양처럼 동글동글한 외모라서 이름과 잘 어울리기도 하고요. 흔한 이름이 아닌 것도 마음에 들었습니다. 요즘엔 "달비~"라고 부르면 "야옹~" 하며 대답도 해준답니다. 이름 정말 잘 지었죠? 달비는 에너지 넘치는 '캣초딩' 시기를 보내고 있어요. 그래서 그런지 노는 걸 정말 좋아해요. 모든 낚싯대를 좋아하지만 특히 깃털이 달린 낚싯대를 사랑하죠. 놀아주면 너무 신이나는지 폴짝폴짝 점프를 해요. 이전보다 근육이 많이 생겼는지 두 발로 번쩍 일어나서 사냥감을 낚아채기도 하더라고요(웃음). 그 모습이 너무 웃기고 깜찍해요. 즐겁게 노는 모습을 보시면 카메라를 놓을 수 없을 거예요.

또 편식을 하지 않는 아주 기특한 고양이예요. 심지어 간식에 섞어 주기만 한다면 약도 잘 먹어요. 가장 좋아하는 간

식은 트릿이에요. 동그란 모양이 재미있는지 혼자 가지고 놀다가 날름 먹어요. 먹이 퍼즐도 가지고 놀 줄 아는 똑똑한 아이랍니다. 식탐은 조금 있는 편이에요. 제가 먹는 음식을 탐낼 때도 있어요. 하지만 뺏어 먹지는 않고 냄새만 맡고 가죠. 뭐든지 냄새를 맡는 걸 좋아하는 아이라서 그런지 음식 냄새를 맡는 게 즐거운가 봐요. 말도 엄청 많아요. 놀아 달라, 밥 달라 요구하는 것도 많아서 늘 옆에서 쫑알거린답니다. 잠깐 화장실이나 베란다를 가기만 해도 "어서 나와 함께 있어!" 하며 말을 걸죠. 고양이 소리를 잘 내시는 분이라면 달비와 수다 떠는 것도 가능할 거예요(웃음). 외출을 하고 돌아오면 항상 마중을 해주며 반갑다고 인사를 해요. 잠깐 다른 일을 하고 있으면 주변에 앉아 저를 구경해요. 잠을 잘 때에는 꾹꾹이를 하다가 근처에 자리를 잡고 함께 잠이 들어요. 그만큼 정을 많이 나눠주는 친구죠.

달비는 친해지면 더욱 더 진가를 발휘하는데요. 가끔은 예민해질 때도 있지만 대부분의 일상에서는 사랑이 넘치죠. 잔뜩 짜증을 내다가도 곧 뽀뽀를 해 줄 정도니까요. 하지만 다른 고양이들은 별로 좋아하지 않아요. 혼자 오롯이 사랑을 독차지해야 하나 봐요. 그래서 외동묘로 성장할 수 있는 환경이었으면 해요. 또 고양이를 반려해 보신 분을 가족으로 만나면 좋을 것 같아요. 천상 고양이 같은 성격이에요. 앙큼하게 굴다가도 다가와서 꾹꾹이를 해 주거든요. 고양이의 습성과 취향을 잘 아시는 분이라면 달비와 쉽게 가족이 되실 거예요.

글·사진 한수빈 @dal_bi.5 | **에디터** 최진영

온기를 모아모아

EMERGENCY CAT CAMPAIGN

자료제공 한국○○○○ 보호협회 @catcare2005 | 에디터 최진영

2023 응급냥이 캠페인

생명이 움트는 계절, 봄이다. 새싹이 인사하고 따스한 바람이 속삭이지만 아직도 한 겨울 속을 헤매는 고양이들이 있다. 길에서 살아가는 고양이들에겐 살랑이는 바람결도 한 겨울 한파처럼 크게 다가온다. 이렇게 고된 일상을 보내는 고양이들에게 도움의 손길을 보내는 이들이 있다.

그들은 자신의 모든 것을 고양이들에게 헌신하며 진심을 다한다. 하지만 활동을 지속하다 보면 현실적인 문제를 마주할 수밖에 없다. 비용, 시간, 일손 등… 수많은 문제들이 발목을 잡는다. 그래도 그들은 지치지 않는다. 늘 진심 어린 사랑과 마음을 나누는 이들을 위해 멜로우도 힘을 보태기로 했다. 독자분들이 멜로우에 보내주신 사랑은 기부금이 되어 한국고양이보호협회의 〈2023 응급냥이 캠페인〉에 전달될 예정이다. 우리의 온기를 모은다면 추운 겨울을

버텨낸 고양이들에게 따스한 봄날을 선사할 수 있다.

한국고양이보호협회는 지난 2005년 봄에 설립된 길고양이 보호 단체다. 길고양이를 돌보는 이들이 삼삼오오 뜻을 모아 만든 국내 최초의 길고양이 보호 단체로, 길고양이들을 위한 입양 센터인 '집으로 입양센터'와 노묘들의 평안한 일상을 위한 '쉼터'를 운영 중이다. 집으로 입양센터는 세계에서 가장 선진적인 동물 보호소로 유명한 독일의 '티어하

임'을 모티브로 만들었다. 길에서 구조된 후 새로운 가족을 기다리는 고양이들이 이곳에서 생활한다. 수직적으로 공간을 구성해 고양이들이 즐거운 일상을 보냈으면 하는 마음을 담았다. 쉼터에서는 주로 나이가 많은 고양이들이 생활한다. 때문에 입양센터보다는 호스피스적인 성격이 강하다. 고양이들이 쉼터에서 남은 묘생을 안락하고 편안하게 보낼 수 있도록 노력하고 있다. 또한 길고양이 구조, 치료 지원, TNR, 인식 개선 캠페인 등 다양한 형태의 활동을 통해 길고양이와의 공생을 실천한다. 그중 가장 주된 활동은 역시 구조와 치료 지원이다. 특히 치료 지원의 경우에는 많은 자원이 필요하다. 매일매일 새로운 구조묘들이 생겨나지만 후원금은 턱없이 부족하기 때문이다. 열악한 상황 속에서도 더욱 다급한 도움이 필요한 아이들이 생겨나기 때문이다. 학대, 사고 질병 등 이슈화되어 관심 받게 되는 사건은 일부에 불과하다. 현실에서는 더욱 많은 아이들이 응급한 상황에 놓여있다.

〈2023 응급냥이 캠페인〉은 응급한 상황에서 구조된 길고양이가 제2의 '묘생'을 살길 바라는 마음을 담아 만들어진 캠페인이다. 길고양이들은 여러 위험에 노출되어 있다. 달리는 자동차, 병균이 바글바글한 쓰레기통, 낯선 이의 검은 손길 모두 여리고 순수한 고양이들에겐 큰 고통이다. 우리 주변의 길고양이들은 거친 세상 속에서 하루를 연명하기

위해 고군분투 중이다. 이런 길고양이들에게 도움을 주기 위해 캠페인이 시작되었다. 구조묘로 뽑히는 고양이들은 생사의 갈림길에 서 있던 아이들이다. 길에서 고난을 겪은 이들은 구조자의 도움을 받아 병원으로 향한다. 하지만 그 이후부터 다른 걱정이 생긴다. 아이들의 치료비는 적게는 몇 만원에서 시작되어 기하급수적으로 커지기 때문이다. 아이들의 고통이 크면 클수록 치료비 또한 불어난다. 이에 〈2023 응급냥이 캠페인〉은 구조자의 치료비에 대한 부담을 줄여주고자 한 아이 당 최대 100만원을 지원하고 있다. 한정된 후원금으로 더욱 많은 아이들에게 도움을 주기 위해 결정된 금액이다. 후원금은 구조자가 구조묘의 입양 혹은 입양 전까지의 임시보호를 진행하는 것을 전제로 지급된다. 큰 고비를 넘긴 아이들이기 때문에 치료 후에는 입양이 필수적이다. 치료가 완료한 후에 예후를 지켜보아야 하기도 하고, 체력이 많이 떨어져 있기 때문에 길 생활에 다시 적응하는 것도 쉽지 않기 때문이다. 범백, 화상, 사고, 학대 등 다양한 이유로 응급냥이에 선정된다. 도움을 받은 아이들의 치료 상황은 한국고양이보호협회 홈페이지와 블로그의 지원 길냥이 게시판을 통해 확인할 수 있다.

지난해, 길고양이 나리는 하반신이 크게 다친 상태로 구조되었다. 평소 경계심이 높던 아이였지만 고통이 심했는지 통 덫과 담요로 쉽게 구조할 수 있었다. 당시 나리는 물리

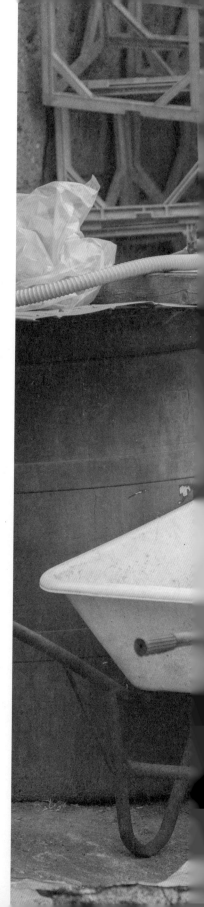

적인 힘에 의해' 하반신이 뒤틀린 상태로, 학대가 의심되는 상황이었다고 한다. 신경재생 주사 치료와 척추 교정술, 꼬리뼈 단미 등을 진행했다. 수술 후에는 지속적인 재활 훈련도 진행했다. 꾸준히 회복한 나리는 구조자의 반려묘가 되어 이후로도 재활 치료를 진행 중이다. 무단 주차 차량에 의해 사고를 당한 호두는 우연히 현장을 목격한 주민 덕분에 병원으로 옮겨졌다. 구조 당시 의식은 있었으나 움직이지 못하던 호두는 하반신 골절과 탈장 진단을 받았다. 현재는 이전부터 호두를 돌봐 주시던 분의 반려묘가 되어 회복하고 있다.

이렇듯 구조자들의 진심과 많은 후원자들의 도움 덕분에 2022년에는 총 9마리의 고양이가 제2의 묘생을 얻게 되었다. 하지만 〈2023 응급냥이 캠페인〉은 더 많은 이들의 도움이 필요하다. 많은 고양이들에게 제2의 묘생을 선물하기 위해선 후원금과 자원봉사자들만으론 부족한 실정이다. 그래서 mellow는 독자분들의 온기를 모아 응급냥이 캠페인에 전하려 한다. 멜로우 매거진 한 권이 판매될 때마다 1,000원이 응급냥이 캠페인에 기부된다. 구체적인 후원 내용과 응급냥이 구조묘들의 이야기는 앞으로 출간될 멜로우 매거진을 통해 전할 것이다. 더욱 행복한 2023년을 만들기 위해선 많은 관심과 애정이 필요하다. 우리의 온기를 모아 한 생명이 살아난다면 그보다 따스한 일이 있을까? 진심 어린 마음이 고양이에게 닿는다면, 모두의 2023년은 늘 봄처럼 따스해질 것이다.

발행처
Inc.펫앤스토리

Publisher
옥세일 Seil Ok

Contents Director
김은진 Eunjin Kim

Chief Editor
조문주 Munju Jo

Editor
박재림 Jaelim Park
박조은 Joeun Park
최진영 Jinyoung Choi

Photographer
안진환 Jinwhan Ahn

Illustrator
최형윤 Hyeongyun Choi
영시 Yeongsi

Art Direction & Design
김은진 Eunjin Kim

Senior Designer
최형윤 Hyeongyun Choi

Sales & Distribution
이재호 Jaeho Lee

Management Support
정선국 Sunkook Jung
안시윤 Siyun An

Publishing
Inc.펫앤스토리
도서등록번호 제 2020-00135호
출판등록일 2005년 3월 17일
ISSN 2799-5399
창간 2010년 9월 14일
발행일 2023년 3월 3일

Inc.펫앤스토리
경기도 용인시 수지구 신수로 767
분당수지유타워 A동 2102호
767, Sinsu-ro, Suji-gu, Yongin-si,
Gyeonggi-do, Republic Of Korea

광고문의
mellowmate@petnstory.com
070 8671 3423

구독문의
mellowmate@petnstory.com
070 8671 3423

Instagram
magazine_mellow

Web
mellowmate.co.kr